[illegible]

L'ÉVOLUTION ÉCONOMIQUE

LES MALADIES DU CORPS SOCIAL
LEURS REMÈDES

INDIVIDUALISME
COLLECTIVISME
SOCIALISME D'ÉTAT
COOPÉRATION

Par le Docteur Ch. DEBIERRE
PROFESSEUR A L'UNIVERSITÉ DE LILLE

PARIS
F. ALCAN, ÉDITEUR
108, BOULEVARD SAINT-GERMAIN, 108
1901

LE CAPITAL & LE TRAVAIL DEVANT L'ÉVOLUTION ÉCONOMIQUE

LES MALADIES DU CORPS SOCIAL LEURS REMÈDES

INDIVIDUALISME
COLLECTIVISME
SOCIALISME d'ÉTAT
COOPÉRATION

Par le Docteur Ch. DEBIERRE
PROFESSEUR A L'UNIVERSITÉ DE LILLE

PARIS
F. ALCAN, ÉDITEUR
108, BOULEVARD SAINT-GERMAIN, 108
1904

INTRODUCTION

Nous pourrions encore intituler cet opuscule :

LES CONFLITS DU TRAVAIL ET DU CAPITAL

En effet, le mal du corps social que nous allons constater provient d'une mauvaise répartition des richesses.

Le remède à cette mauvaise répartition ? Salariat libéré, Coopération libre ou Socialisme-Collectiviste ? C'est la question que nous nous promettons d'étudier à l'aide de la méthode expérimentale en dehors de tout parti pris et de toute passion.

LE CAPITAL ET LE TRAVAIL

DEVANT

L'ÉVOLUTION ÉCONOMIQUE (1)

Si, en prenant les faits économiques pour base de discussion, Karl Marx admet qu'à mesure que s'accentue la concentration, le mode de production collectif de la grande industrie capitaliste devient incompatible avec le monopole privé du capital et doit fatalement aboutir à la propriété commune de tous les moyens de production, y compris le sol,

Herbert Spencer pense qu'à mesure qu'elles progresseront, les sociétés feront place au type industriel dans lequel la coopération volontaire et la liberté des contrats tiendront la première place. Les échanges, la location des services assureront à chacun une juste rémunération, exactement proportionnelle à l'effort et au mérite, parce qu'ils s'effectueront en dehors de toute réglementation artificielle, par les seules lois de la libre concurrence.

Alors, qui a raison?

I

L'Individualisme

L'orthodoxie économique a fait faillite. Il serait puéril de se le dissimuler. Non pas qu'il n'a pas créé de grandes choses, mais parce qu'il ne répond plus aux besoins économiques de la société moderne. Sa faiblesse est de compter, en trop de circonstances, sur la souveraine vertu de la libre concurrence pour réaliser le progrès, et de croire qu'il suffit « d'établir la liberté des contrats et l'égalité des droits » pour assurer un régime de liberté et d'équité. Son erreur est de supposer que le rôle de l'Etat

(1) Discours prononcé au « *Convent* » de 1904.

doit se borner à la seule fonction de garantir l'ordre et la sécurité des personnes et des biens. C'est contre ces conclusions que protestent l'expérience et les faits économiques.

Il est facile de démontrer, en effet, que l'individu s'est montré impuissant à réaliser le bien général par ses propres forces. Les œuvres privées se sont montrées inefficaces et incapables d'assurer les services d'intérêt général dans nos sociétés contemporaines. Dans la culture intellectuelle, l'éducation populaire, l'assistance publique, les transports, l'Etat a dû substituer son action à celle des initiatives privées. Malgré quelques bonnes volontés, ces initiatives privées sont restées d'une déplorable insuffisance dans l'hygiène publique, la salubrité des villes et l'amélioration des logements ouvriers. Est-ce que la prévoyance patronale a su créer les retraites ouvrières et assurer tout ce système de prévoyance et d'assurances sociales qui seront l'honneur et la gloire des Etats modernes?

Il peut même arriver qu'alors encore que l'intérêt privé se trouve d'accord avec l'intérêt général, l'individu se dérobe tout de même, s'il ne doit point recueillir le bénéfice exclusif de ses efforts personnels. S'agit-il d'une entente en vue d'écarter la surproduction et l'avilissement des prix et des salaires, de réduire la journée de travail ou de fermer les magasins le dimanche, de créer des canaux ou d'entreprendre des travaux contre l'insalubrité d'un pays ou d'une ville, la résistance égoïste ou l'inertie imprévoyante de quelques individus suffisent à paralyser la bonne volonté de tous les autres, qui, à leur tour, pour ne pas jouer le rôle de dupes s'ils étaient les seuls à faire les sacrifices, ne bougent plus.

La libre concurrence, d'autre part, est loin d'avoir réalisé tous les bienfaits que lui accordent les individualistes. Quand elle tourne à l'abus, quand dans une industrie elle abaisse les prix au point de supprimer les profits aux producteurs et les salaires aux ouvriers qu'elle accule à la grève, elle compromet les intérêts généraux. Jusqu'ici tous les arguments des individualistes ont été basés sur « l'hypothèse de la persistance indéfinie de la concurrence dans « un milieu libre ». Mais aujourd'hui, il faut considérer l'accaparement, qui est un fait, d'une industrie entière par un grand établissement qui ne laisse aux autres que les miettes.

Lorsque le machinisme n'est pas encore suffisamment développé pour avoir supprimé le travail à la main; lorsque le petit métier vient lutter contre la grande machine et permet à l'entrepreneur d'exploiter indignement les travailleurs à domicile; lorsque la concurrence entre entrepreneurs se fait sur le dos des ouvriers et aboutit aux misérables conditions du *sweating system* (travail en chambre), il faut autre chose que le jeu naturel et libre des forces aveugles pour rétablir l'équilibre et sauvegarder les intérêts des faibles. Or, le principe de vie et de progrès, en économie politique, n'est pas dans la lutte meurtrière des faibles et des forts, mais dans la coordination et l'harmonie des forces.

Les grands principes de la liberté du travail, de la libre concurrence, ne suffisent plus à la conscience des sociétés modernes, s'ils ne recouvrent que l'oppression de ceux qui vivent uniquement de leurs salaires.

Et, qu'on ne se laisse pas attendrir par cet argument de l'orthodoxie individualiste que ce sont les Etats qui donnent libre carrière à la liberté, à la concurrence et au « laisser faire » qui survivent dans la lutte économique internationale, car ce sont justement les pays où les lois ouvrières protègent le mieux les travailleurs contre les abus du régime capitaliste qui sont à la tête du mouvement industriel et commercial.

II

Le Collectivisme

Si la thèse individualiste est en contradiction avec les faits économiques, la thèse socialiste-collectiviste est-elle plus conforme à l'évolution historique?

Lorsque Proudhon prononça son célèbre aphorisme: « la propriété, c'est le vol » il eut raison s'il entendit par là la propriété des spéculateurs, des agioteurs, des accapareurs et des capitalistes parasitaires qui, dans leurs entreprises, ne donnent pas au producteur ouvrier sa juste part et prélèvent sur le consommateur un bénéfice excessif; mais il eut tort s'il a voulu parler de la propriété acquise par le travail personnel, accumulée par la prévoyance et l'épargne. La propriété personnelle, fondée sur le travail personnel, est légitime; celle qui ne l'est pas, c'est la propriété parasitaire, celle qui vit aux dépens du travail des autres.

« La propriété c'est le vol... Je ne demande pas, pour faire cesser cette longue chaîne de crimes et de misères dont elle a été la cause et que le genre humain traîne depuis sa naissance, qu'elle soit partagée entre tous, je conclus à ce qu'elle soit abolie pour tous. »

Voilà le paradoxe de Proudhon, qui, malgré cela, resta l'implacable adversaire du communisme qu'il appelait la « religion de la misère » et pour lequel il n'avait pas assez de dégoût.

Il est difficile de nier que l'inégalité soit naturelle entre les hommes et, comme conséquence, on conçoit que les Saint-Simoniens aient repoussé le système de l'appropriation sociale des biens qui serait une violation manifeste de la première des lois qu'ils enseignaient et qui veut que chacun soit placé selon sa capacité et rétribué selon ses œuvres, mais ils n'en acceptaient pas moins — d'accord avec Proudhon — que la cause essentielle de la misère — dont ils constataient l'hérédité — est la forme quiritaire de la propriété. Aussi, pour remédier à ce vice social essentiel, demandaient-ils l'abolition de tous les privilèges de naissance et réclamaient-ils que les instruments de travail soient exploités par associations, de manière que la tâche de chacun soit l'expression de sa capacité et sa richesse la mesure de ses œuvres.

Dans l'ordre économique, a dit Jaurès au Congrès de Tours (1902), c'est une minorité qui est souveraine, c'est l'oligarchie capitaliste qui possède, dirige, administre, exploite.

Tout espoir d'universaliser la propriété et l'indépendance par la multiplication des petits producteurs autonomes, a disparu. La grande industrie est de plus en plus la loi de la production moderne. Par l'élargissement des marchés du monde, par la facilité croissante des transports, par la division du travail, par l'application grandissante du machinisme, par la concentration des capitaux, l'immense production concentrée ruine peu à peu et subordonne les petits et moyens producteurs. Quand les capitalistes s'efforcent de discipliner la production, ce n'est qu'en portant, avec les cartels et les trusts, au plus haut degré la domination et le monopole du capital.

L'assujettissement économique des ouvriers aux détenteurs des moyens de travail, est la cause première de leur servitude politique, matérielle et sociale.

Voilà l'accusation contre la société capitaliste.

M. Deschanel lui-même n'a-t-il pas dit quelque part : Tout le monde est d'accord pour désirer l'accès du plus grand nombre au capital et à la propriété ; tous déplorent le contraste frappant de l'extrême opulence et de l'extrême misère (ces inégalités qui divisent les hommes d'une même race en classes rivales); tous condamnent l'oisiveté et flétrissent les fortunes mal acquises, et entendent appliquer la rigueur des lois à l'agiotage et à l'accaparement.

Voilà la constatation de la maladie économique qui sévit sur le corps social de nos jours.

A cette maladie, un parti politique de classe a proposé comme remède l'entente internationale des travailleurs et l'appropriation sociale des moyens de production et d'échange.

Mais cette entente internationale des travailleurs est-elle possible? Théoriquement oui, pratiquement il semble qu'elle soit encore lointaine. La socialisation des moyens de production est-elle réalisable? En théorie, il ne semble pas qu'elle soit impossible, encore que la répartition serait hérissée de difficultés inouïes. En fait, elle suppose l'abolition des frontières, la fraternité des peuples et la République universelle. En sommes-nous là? Aux élections législatives de 1898, les collectivistes-révolutionnaires ont obtenu — en comprenant les mécontents — 300.000 voix dans notre pays.

Trois cent mille voix, presque toutes venues des milieux industriels, sur 10 millions d'électeurs, c'est peu. Et comme les plus intransigeants des collectivistes eux-mêmes déclarent aujourd'hui, qu'ils n'attendent la transformation de la société « bourgeoise » en société collectiviste que de la conquête pacifique des pouvoirs publics, ils sont exposés à attendre longtemps cette transformation. Les paysans sont à peu près totalement réfractaires à leur doctrine. Or, il est démontré qu'un pouvoir qui n'a pas avec lui les paysans ne peut vivre. Pour avoir négligé les paysans et les avoir contrariés avec les 45 centimes, la République de 1848 est morte.

Dire : « Prolétéraires de tous les pays, unissez-vous », et « L'émancipation des travailleurs sera l'œuvre des travailleurs eux-mêmes », sont d'excellentes formules, mais elles n'ont pas jusqu'ici résolu le problème social.

« L'émancipation des travailleurs séra l'œuvre des travailleurs eux-mêmes », voilà la formule socialiste sans cesse répétée. Tout d'abord, il faudrait qu'on nous dit ce qu'on entend par ce mot « travailleurs ». Mais ne chicanons pas. L'histoire nous apprend, au contraire, que l'émancipation des opprimés n'a été que rarement « leur œuvre », mais presque toujours — pour ne pas dire toujours — celles des classes qui leur étaient socialement supérieures. Ce ne sont pas, comme on l'a dit, les guerres de Spartacus, ni les révoltes des Jacques, ni la mort de John Brown, qui ont émancipé les esclaves de l'antiquité, les serfs du moyen âge, les noirs d'Amérique. Si la classe ouvrière parvient un jour à constituer la République sociale, à laquelle elle aspire, il est très probable qu'elle le devra à la collaboration de ces « bourgeois » intellectuels démocrates, dont on cherche dans certains milieux politiques à l'en détourner définitivement.

Mais pressons de plus près la doctrine collectiviste, car il s'agit de savoir si elle est avec les faits de l'évolution historique et conforme aux faits économiques ou, au contraire, si elle n'est qu'une doctrine spéculative.

L'œuvre de Karl Marx est autant celle d'Engels que la sienne. A Hegel, le marxisme a emprunté la formule d'évolution; mais, en cherchant les lois de l'évolution sociale dans la constatation des faits matériels et non pas dans les idées, il s'est éloigné de l'hégelianisme pour se rapprocher du matérialisme de Fuerbach.

La réalité pour l'homme, ce sont ses premiers besoins économiques; son intérêt primordial, c'est la satisfaction de ces besoins; le moyen de les obtenir, c'est la lutte pour l'existence, et cette lutte c'est le premier facteur du progrès. Cette doctrine se rapproche par un côté de la thèse de Larochefoucauld lorsqu'il ramène tout à l'intérêt.

Nous aurons à nous demander :

1° Si le capital est uniquement du surtravail accumulé;

2° Si la force-travail est l'unique source de la valeur;

3° Si le nombre des pauvres est toujours de plus en plus grand et les riches toujours de plus en plus riches, par conséquent si la concentration capitaliste est un phénomène général;

4° S'il est vrai que la science aboutisse à prévoir une société communautaire, si celle-ci est fatale, si elle est désirable, si elle est pratiquement réalisable en restant conforme aux lois de l'évolution sociale?

Karl Marx, dont on retrouve l'idée essentielle dans Morelly, l'auteur du « *Code de la Nature* » a eu comme idée prédominante la démonstration que le capital est du travail cristallisé, sucé, comme l'aurait fait un vampire, sur du travail vivant, sur la main-d'œuvre de l'ouvrier.

On peut lui répondre que le capital est aussi bien le résultat et le produit du travail de la direction, des découvertes mécaniques, des progrès de la technique et des capitaux que de celui de la main-d'œuvre ouvrière. Si le capital c'est du travail cristallisé, c'est aussi de l'intelligence congelée, de la prévoyance et de l'épargne accumulée. Il est souvent fait de privations.

Est-il exact de dire que le propriétaire du capital ne joue

plus aucun rôle dans la production? Il suscite icontestablement la production. Sans capitaux qui s'aventurent, sans capitaux qui paient les frais de premier établissement, sans capitaux qui font les avances et procurent le crédit, sans capitalistes qui créent la possibilité de produire, il n'y a pas de production possible. Il faut voir les choses telles qu'elles sont et ne pas découvrir dans tout actionnaire d'une mine ou d'une usine un « Juif milliardaire » ou un « baron féodal de l'industrie ».

Marx a voulu appuyer l'idée que le capital est du travail congelé et volé, sur la *théorie de la valeur* de Rodbertus, d'où il a déduit son hypothèse du *surtravail.*

Dans le système collectiviste la substance de la valeur, c'est le travail et la mesure de la valeur, c'est la durée du travail qui sert de mesure pour établir les prix des travaux et des produits en unités semblables. Il n'y a plus de monnaie et la rémunération se fait en « bons de travail » ou « bons de consommation ».

Eh ! bien, cette théorie de la valeur n'est pas exacte, car la valeur d'un objet ne correspond pas uniquement à la force de travail destinée à le produire, mais aussi à sa valeur d'usage, c'est-à-dire qu'elle varie avec la demande. Il en résulte que la quantité de travail incorporé dans une marchandise n'en constitue pas toute la valeur.

La *loi d'airain des salaires* de Lassalle, en germe dans Quesnay et Turgot, selon laquelle la moyenne du salaire est fixée d'après les besoins indispensables à la vie, n'est pas non plus exacte.

Pour les marxistes, la valeur de la journée de travail est déterminée par le temps nécessaire à sa production. Si donc la production des moyens de subsistance journalière, tels qu'il les faut pour le travailleur, coûte six heures, il doit travailler six heures. S'il travaille douze heures, c'est du surtravail ou travail non payé, c'est la plus-value, le profit, l'origine du capital.

Mais si cette doctrine était exacte, tout perfectionnement de l'outillage, en diminuant la quote-part du travail humain ne serait-il pas destructeur de la plus-value, puisque c'est sur le surtravail que l'employeur élève celle-ci, et une cause de ruine pour le capitaliste? C'est de là que découle l'idée des collectivistes que l'ouvrier travaille trop. Demandez-vous la vie à bon marché — et la machine a abaissé le prix de revient et le prix de vente sans abaisser les salaires ni relever la durée de la journée de travail — c'est afin d'augmenter la part du surtravail! Le bénéfice du fabricant, c'est du travail non payé, se dit l'ouvrier. Donc, réduisons mon travail, j'empêche le capital de me voler; j'épargne mon seul capital, ma force-travail, et j'empêche le capitaliste de s'enrichir...

L'argumentation est simpliste. D'ailleurs, nombre de collectivistes et non des moins en vue, MM. Bernstein et Vandervelde notamment, ont abandonné la loi d'airain des salaires comme controuvée par les faits. La progression des prix de la main-d'œuvre, leur diversité suivant les régions et les pays, la contredisent absolument.

Dans le système actuel, le régulateur de la production est l'offre et la demande; dans le collectivisme, la production est réglée par l'autorité centrale d'après ses renseignements sur les besoins sociaux. Cela suppose un service de statistique et de renseignements irréprochables si l'on veut s'éviter les mécomptes les plus fâcheux. L'obtiendra-t-on des fonctionnaires électifs? La tâche sera colossale. Disette et regorgement sont également à craindre. Enchaîné par son mode de taxation des valeurs, le collectivisme ne fournit aucun moyen de pourvoir à l'écoulement des produits en excès et ne peut éviter l'arbitraire dans l'attribution de ceux qui sont en déficit, comme le fait l'offre et la demande en faisant varier les prix. Offrira-t-on les objets rares au prix ordinaire de l'heure-travail? A qui alors, comme on l'a dit non sans ironie, la bouteille de Chambertin!

L'équilibre économique, l'adaptation de la production aux besoins, deviennent aussi une fonction administrative. C'est à l'administration à prévoir les besoins multiples de tous les citoyens, à calculer les achats à faire au dehors et la vente à régler à l'intérieur comme à l'extérieur. Les surproductions et les fausses directions exposeraient au même mal dont souffre la société capitaliste. Aucune erreur, aucune omission ne sont à commettre, car les fautes et les injustices, la disette elle-même, retombent sur le Gouvernement.

Comment et par qui se fera l'estimation de la vogue et des goûts changeants du public? Comment se fera la répartition des travailleurs entre les emplois? Comment la répartition des logements?

Le collectivisme, privé de l'excitation du profit personnel, renfermera-t-il un ressort de progrès industriel aussi vif que la concurrence?

La concurrence a été jusqu'ici l'âme de la vie et du progrès. Vous l'enlevez. Que reste-t-il?

Une société fondée sur un système de valeur qui n'intéresse pas les producteurs à l'emploi des instruments perfectionnés et à l'économie des moyens, n'est-elle pas condamnée à la stagnation, au coulage, à l'affaiblissement de la production et, finalement, à la médiocrité sinon à la disette générale?

Voilà des objections auxquelles on ne répond pas.

Le régime collectiviste, avec son mode de production administratif, avec son régime de valeur fixé d'après le temps de travail d'intensité moyenne, investit l'Etat d'un pouvoir formidable. Il lui confie tout le service de la production, des transports, de l'emmagasinage et de la distribution, le service des logements et des subsistances. Il lui donne la direction et l'approvisionnement des magasins généraux où les consommateurs viendront s'approvisionner et où ils paieront en bons de travail. Il lui donne le pouvoir exclusif de taxer les services et les produits, après des calculs inextricables de moyennes sociales. L'autorité publique, responsable des chômages, est tenue de procurer à chacun un emploi qui lui convient.

Le progrès social et le développement des forces productives sont abandonnés à l'intelligence et au zèle des fonctionnaires élus. Le renouvellement du matériel, l'économie des frais et des matières dépend de la contrainte exercée par eux sur leurs commettants. L'amortissement du capital, le prélèvement pour assurer les servi[illegible] publics, dépendront de leur fermeté.

Les collectivistes se défendent qu'un tel régime soit un régime de bureaucratie et de fonctionnaires. Le fonctionnaire, disent-ils, est-il intéressé à ce que le service dont il est chargé marche bien et à peu de frais? En régime collectiviste, les producteurs ne seront pas plus fonctionnaires que ne le sont dans une famille les membre qui, pour la satisfaction de ses besoins, remplissent des fonctions diverses.

Je n'ai pas besoin de dire que la comparaison n'est pas exacte et, d'autre part dans le système économique actuel, il serait facile d'intéresser les fonctionnaires au fonctionnement régulier du service dont ils sont chargés en adoptant le système de la « prime-traitement ».

Si la production, au lieu d'être confiée à l'Etat, comme nous le supposons, est abandonnée aux corporations de travailleurs, comme certains collectivistes sembent le préférer, nous ne voyons pas quel en serait l'avantage.

Le collectivisme s'appuie sur la théorie de la valeur et sur la concentration capitaliste. Celle-ci travaille pour lui et prépare la socialisation de tous les moyens de production et d'échange; celle-là lui permettra de donner à chacun le produit intégral de son travail. Enfin la « lutte de classe » permettra aux prolétaires de conquérir les pouvoirs publics et de réaliser l'idéal collectiviste.

La valeur d'un produit correspond à la durée du travail employé pour le produire. L'unité de rémunération est l'heure de travail moyen. Le travailleur est payé en bons de travail. Reçoit-il son travail intégral dans ce système, comme l'annoncent les collectivistes aux ouvriers? Non, puisqu'une partie en est prélevée pour entretenir les services publics (autre forme de l'impôt) et entretenir l'outillage industriel. Si la durée du travail est la commune mesure de la valeur, la rémunération sera-t-elle la même dans tous les métiers?

Si la rémunération est la même, c'est le nivellement des intelligences, des capacités, des courages. Si la rémunération varie avec les genre de métier, c'est l'inégalité qui persiste. Alors, à quoi bon, diront des esprits chagrins, changer de Gouvernement !

Si la valeur de l'heure-travail varie avec les métiers, comment s'établira le coefficient des métiers complexes ? Comment apprécier l'équivalence entre le travail de chacun ? Par rapport à l'heure-travail du terrassier, par exemple, comment s'établira la valeur de l'heure-travail du peintre ou du savant, du musicien ou de l'ingénieur. On ne le dit pas. Comment tenir compte de l'habileté professionnelle, de l'intensité du travail, de l'équation personnelle, si l'on ne peut calculer la rémunération d'après le produit ?

Schœffle dans sa « *Quintessence du socialisme* » a pressé les collectivistes de prendre en considération la valeur d'usage dans la constitution de la valeur d'échange. Mais, les collectivistes répondent : pas de socialisme si les corporations ou les individus restent libres de régler la production d'après la fluctuation des prix, parce que la concurrence engendre les crises et les inégalités de profits. Mais, peut-on leur dire, est-ce là un effet inévitable de la loi de l'offre et de la demande ? Si la loi des variations de valeur est troublée dans l'organisation écononomique actuelle, n'est-ce pas en raison des monopoles de fait qui se sont installés, de la concurrence inorganique et de la spéculation ?

G. Renard s'est appliqué, dans son « *Régime Socialiste* », à corriger le collectivisme sur deux points faibles : le recrutement des travailleurs pour les travaux pénibles et l'attribution des objets rares. Il gradue les tarifs selon la « pénibilité » des professions, ce qui lui paraît devoir éliminer la « réquisition », seul moyen que M. Jules Guesde paraît avoir trouvé pour amener les travailleurs dans les professions pénibles ou repoussantes. L'heure de travail moyen qui reste la mesure de la valeur, obtient de cette façon un coefficient variable déterminé par le rapport entre le nombre des travailleurs et les besoins de la production. Les ouvriers seront ainsi attirés vers les professions pénibles par l'appât du gain. Quant aux objets rares, ils resteront soumis à l'offre et à la demande et c'est la société qui restera bénéficiaire du surplus. Mais, dans ce système, où commencera la qualité d'objets rares?

M. Gronlund qui, lui aussi, a essayé une déviation au collectivisme dogmatique, après avoir taxé les produits d'après l'heure de travail, combine ce principe avec le principe de l'offre et de la demande. Le « bon de travail » sera abaissé pour les produits en excès et augmenté, au contraire, pour les produits rares. La Société profitera du bénéfice. Quant aux salaires, ils auront pour base le prix du produit tel qu'il s'établit sur le marché.

Que fera maintenant le collectivisme du paysan propriétaire, de l'artisan, du petit boutiquier? La propriété sera maintenue au paysan, disent les collectivistes, tant que le paysan y trouvera son intérêt; elle y sera même protégée contre l'usure, l'hypothèque et l'impôt foncier. La formule collective ne s'applique qu'aux branches d'industrie où la concentration capitaliste a déjà rendu mûre l'appropriation sociale.

La doctrine, on le voit, a perdu de sa rigidité primitive. On sent que les collectivistes sont préoccupés d'amener les 3,387,000 propriétaires paysans à leur politique électorale.

Eh! bien, soit. Mais que sera la propriété du paysan lorsqu'il n'aura plus le droit de l'aliéner, de la léguer, de la cultiver à sa guise, et lorsqu'il sera dans l'obligation de livrer ses produits aux « Magasins généraux » où ils lui seront payés en « bons de consommation » calculés sur le temps de travail? Le même sort attend l'artisan et, quant au boutiquier, il ne pourra plus être maintenu que comme tenancier d'une succursale de « Magasin général ». Non, du jour où le collectivisme triomphera, le propriétaire rural, le petit boutiquier, le petit industriel se trouveront fatalement soumis à la loi commune, conservant peut-être la propriété nominale, mais perdant à coup sûr la propriété réelle, le revenu, le profit et jusqu'à la liberté de l'exploitation.

Dans ce régime, dont nous sommes réduits à esquisser le tableau puisque les collectivistes, si prompts en formules, résistent à la description des détails, que deviendra la liberté?

On nous promet bien la disparition des contraintes qui sont aujourd'hui le fait de la vie en régime capitaliste; on nous dit bien que « l'administration des choses sera substituée au gouvernement des hommes ». Oui, certes! Mais l'administration des choses se fera par l'intermédiaire des hommes, d'une nuée d'administrateurs ou fonctionnaires délégués à la production, aux échanges et à la rétribution. Espère-t-on que ceux-là seront tous des hommes intègres et vertueux? Une vie sociale dans laquelle tous seraient soumis à l'autorité ou au contrôle des fonctionnaires sera-t-elle compatible avec la liberté? Est-ce sérieusement qu'on l'affirme?

Pour mon compte, je crains la caserne et la camisole de force.

Plus d'Etat, dit-on, mais un Gouvernement économique: plus d'impôts, mais un prélèvement sur le produit du travail pour les services publics. Simple changement d'étiquette!

Le collectivisme intégral reste-t-il compatible avec la liberté s'il persiste à fixer la valeur des choses d'après le temps-travail? Non. Dès lors il est impossible, car le véritable progrès social consiste à libérer l'homme de plus en plus des entraves et des chaînes qui retiennent depuis si longtemps sa libre expansion.

Ce que je viens de rappeler s'applique à toutes les formes de collectivisme intégral. Aucune origine, autre que la révolution ne lui est possible, puisque son système de la « valeur » l'empêche de conserver le moindre vestige de la production libre et de la circulation monétaire. Quelle que puisse être la concentration capitaliste, ainsi que le dit très bien M. Bourguin dans ses « *Systèmes Socialistes* » il y aura toujours un abîme entre le régime capitaliste et le régime collectiviste. Aucune transition n'est possible entre les deux systèmes. Cette entorse aux lois générales de l'évolution naturelle nécessite que nous nous demandions si nous sommes bien en face d'une doctrine scientifique. Entre une société en régime capitaliste et une société en régime collectiviste, il y a un fossé complet, un hiatus infranchissable. La société capitaliste, dans laquelle les entreprises sont faites, à titre privé et à leurs risques et périls, par des individus ou des associations privées ou contractuelles, et dans laquelle la production est réglée par la fluctuation des prix en monnaie métallique, est aux antipodes de la société collectiviste dans laquelle la production est organisée et réglée par une bureaucratie qui dirige la production et la circulation, qui fixe les besoins, la rémunération et les produits en unités de travail. L'organisation collectiviste de la société n'est en germe dans aucune société passée ou présente.

La société moderne, en dépit de la concentration des entreprises, reste toujours, comme le dit encore M. Bourguin, une société d'individus ou de groupements autonomes pratiquant librement les échanges privés et dont les prix sont les régulateurs. Le prix d'un produit monopolisé lui-même, comme le pétrole, subit l'influence de la demande librement exprimée sur le marché et exerce à son tour une influence sur la production. En régime collectiviste, il n'y a plus d'échange entre particuliers, il n'y a plus de concurrence, il n'y a plus de valeur fixée par l'offre et la demande. Comme on ne peut échanger cependant les objets en nature, on a pris pour étalon de la valeur la durée du travail, et l'on paie en « bons de travail ».

Je ne demande pas mieux que de devenir « collectiviste », mais qu'on me démontre que ce régime ne compromettra pas la liberté et qu'il est conforme à l'émancipation morale et matérielle du peuple, conforme à l'épanouissement du progrès social. S'il est incompatible avec la liberté, il s'écroule, car tout régime de contrainte est un régime de compression de la personne humaine, un régime d'injustice et une source de tyrannie ; s'il n'est pas conforme avec le progrès social, il n'est qu'éphémère, car il est contraire à la vérité et à l'évolution fatale des choses.

Les premières victimes du collectivisme réalisé seraient

l'ouvrier et le paysan. Transporter l'autorité sur une direction anonyme au lieu de la laisser sur une tête responsable est dangereux. Ce serait la résurrection de la royauté absolue. Le paysan, l'ouvrier, seraient livrés à un despotisme d'autant plus dur que celui qui l'exercera sera un esclave d'hier.

La propriété personnelle est la sauvegarde de la liberté et de la dignité humaine, car là où il n'y a pas indépendance il ne peut y avoir liberté. Je craindrais que si elle s'écroulait — et j'entends la propriété personnelle fondée sur le travail et non pas sur la propriété capitaliste — nous tombassions dans un régime de contrainte et d'abaissement.

J'ai exposé la doctrine collectiviste telle qu'elle ressort des écrits des « Maîtres ». Si on m'objectait qu'on n'accepte pas comme doctrine moderne cette doctrine orthodoxe, je demanderais qu'on me fasse connaître la bonne et la vraie dans son ensemble et ses détails.

III

Socialisme d'État

Dans le socialisme d'État, l'État s'empare de tous les moyens de production et d'échange. Il peut en confier l'exploitation aux communes, aux associations, aux individus, mais il garde la direction de la production tout entière, assignant à chaque groupe ses instruments et sa tâche et se chargeant de la distribution des produits sur tous les points du territoire et de leur vente aux consommateurs. Mais la valeur reste exposée aux fluctuations de l'offre et de la demande et s'exprime en monnaie. Le régulateur des prix n'est pas brisé comme dans le collectivisme marxiste. L'Etat agit comme une vaste coopération de production et de consommation. Au lieu de rechercher le plus grand profit comme le capitalisme, il ne recherche que la plus grande utilité sociale. Il ne vise qu'à couvrir ses charges et à développer son outillage. Il hausse ou baisse les prix, suivant que les quantités en magasin sont inférieures ou supérieures à la demande; il hausse ou baisse les salaires pour attirer ou repousser les travailleurs des diverses catégories, suivant les besoins. Point de crise par suite de la concurrence et de l'anarchie de la production, puisque c'est l'État qui règle pour tout le monde la production et qu'il n'y a plus de concurrence. L'intérêt et le profit disparaissent; donc, plus de plus-value, plus de capital qui engendre l'inégalité et la misère. La rente économique persiste, il est vrai, mais elle se fait au profit de l'État seul. Les seules inégalités qui persistent sont des inégalités de salaires. Mais en aucun cas le principe : « A chacun selon son travail », n'est violé.

Ce socialisme, diront les collectivistes orthodoxes, conserve le salariat, c'est un socialisme frelaté ! Mais, peut-on répondre, le collectivisme ne réduit-il pas lui-même tous les producteurs à l'état de salariés? Qu'importe qu'ils soient payés en « bons de travail » ou en monnaie, les copropriétaires en régime collectiviste ne sont-ils pas toujours des salariés?

Le socialisme d'État apparaît comme beaucoup plus pratique que le collectivisme intégral avec disparition de la monnaie et de l'offre et de la demande. Mais la machine administrative reste bien lourde et bien compliquée. L'incomparable puissance des énergies individuelles tendues vers le profit personnel et vers l'épargne continue à être perdue comme dans le collectivisme, et toute exploitation tombe sous la direction de fonctionnaires élus. La liberté n'étoufferait-elle pas encore dans cet organisme?

IV

Participation aux bénéfices

La participation des ouvriers aux bénéfices ne paraît pas de nature à remédier aux difficultés économiques dans lesquelles se débattent les salariés. Quelques-unes ont réussi, mais elles sont plutôt en décroissance et n'ont jamais embrassé que quelques petites industries.

M. A. Picard, dans son rapport général de l'Exposition

universelle de 1889, on évaluait le nombre pour le monde entier à 251. Dans son rapport pour l'Exposition de 1900, M. Trombert n'en trouve plus que 227. Il y en avait 120 en France il y a dix ans. Que sont-elles devenues? Sur ce nombre 92 seulement ont donné signe de vie en 1900 et sur les 92, 7 avaient cessé la participation. On remarque la même chute en Angleterre et aux États-Unis. Sur les 40 maisons pratiquant la participation analysées dans le rapport de M. Trombert, 10 pratiquent la participation sous la forme de remise en espèces immédiatement; 13 qui remettent partie en espèces et consacrent le reste à la capitalisation ou la retraite; 14 qui ne remettent rien en espèces et affectent tout à la capitalisation ou à la retraite; 3 qui convertissent les parts en titres de copropriété dans l'entreprise (*copartnership* anglais). Dans ce système, la part réservée à l'ouvrier a rarement dépassé 10 0/0 de son salaire. Comme instrument, la participation aux bénéfices est moralisatrice, mais le système des « primes » et le « salaire à la tâche » peuvent avoir les mêmes avantages.

Cet échec de la participation aux bénéfices se conçoit, Participation aux bénéfices suppose participation dans les pertes. Or, l'ouvrier ne peut accepter pareille condition, lui qui n'a pas d'avance, et vit au jour le jour.

La participation, d'autre part, qui oblige à tenir l'ouvrier au courant des affaires de la maison et à vérifier la comptabilité, répugne au patron. La réussite d'une affaire, dit ce dernier, dépend de la façon dont elle est menée.

L'industriel qui réussit est celui qui sait acheter et qui sait vendre. Dans ces actes, quelle est la part de l'ouvrier? Dès lors, pourquoi aurait-il droit aux bénéfices alors qu'il ne court aucun risque dans les pertes possibles?

La participation n'est soutenable que dans les établissements prospères, et là, moins qu'ailleurs, le patron n'aime qu'on se mêle de ses affaires.

Voilà les raisons pour lesquelles la participation des ouvriers aux bénéfices ne paraît pas avoir un large avenir.

V

Coopération

Sous ce titre on peut comprendre à la fois la *Société ouvrière de production* et la *coopérative* vraie.

La *Société industrielle de production*, n'a guère abordé que la petite industrie, notamment celle du bâtiment. Rares sont celles, comme la « Verrerie ouvrière d'Albi » et la « Société des mineurs de Monthieux », qui ont abordé la grande industrie.

Ces coopératives de production ne réussissent pas, parce qu'elles n'ont point de capital, pas de crédit et pas de clientèle. Et, pour celles qui réussissent, les ouvriers de la première heure quand ils ont surmonté les difficultés du début se transforment trop aisément en petits patrons capitalistes. Employant comme auxiliaires des ouvriers salariés et gardant pour eux-mêmes tous les profits, elles n'ont plus rien de Sociétés de coopérateurs.

Malgré les avantages à elles concédées par l'Etat (décret du 4 juillet 1888 et décret du 24 juillet 1893), les associations ouvrières de production n'ont pas réussi.

De 1888 à 1895, le montant annuel des travaux que leur a confiés la Ville de Paris s'est élevé à 1 million de francs, et ceux de l'Etat ont atteint 4.574.000 francs en 1894. Malgré les 50.000 francs qu'a reçus de l'État la Banque coopérative et les 500.000 francs que le généreux donateur, M. Moigneux, lui a légués, cette banque ne fait pas ses affaires.

Sur 89 sociétés en France il y avait, fin de 1895, 2.028.057 francs à la répartition soit pour 4.070 parties prenantes, 181 francs pour chacune !

M. Levasseur, dans son « *Ouvrier-Américain* » constate également que la coopération comme la participation aux bénéfices n'a qu'une part infinitésimale dans l'énorme quantité d'entreprises qui se sont formées depuis 20 ans aux Etat-Unis.

A côté de ces sociétés ouvrières de production, on peut

placer les associations de travailleurs qui pratiquent la coopération, mais sans capital, en prenant à l'entreprise des travaux pour lesquels on leur donne l'outillage, eux-mêmes ne fournissant que la main-d'œuvre. C'est l'*artèle* en Russie, l'association des *Braccianti* en Italie. On en trouve en France des exemples dans l'imprimerie, la métallurgie et la verrerie. C'est cette forme de contrat de travail — sociétés commerciales d'entreprises de travail fondées sous l'empire des lois de 1867 et 1893 — que préconisent MM. Yves Guyot et de Molinari.

De telles sociétés seraient vendeuses de travail ou de produits qu'elles garantiraient à l'industriel durant un laps de temps et à un taux déterminés. Elles offriraient à leurs membres l'indépendance et la certitude d'être payés selon leur valeur professionnelle au cours du marché du travail. Elles peuvent se former avec un faible capital — des actions de 25 francs suffisent — car elles n'ont besoin ni d'outillage ni de matières premières à acheter, puisque usine et outillage sont fournis par l'exploitant. La Société des *Journaux Officiels* de la République française, au capital de 6.000 francs est un exemple de ces sociétés commerciales de travail. Elle existe depuis 1881. En se constituant sur le modèle des « sociétés à capital variable », les syndicats ouvriers pourraient devenir de ces sociétés de travail.

Dans cette combinaison, salariant et salarié seraient placés comme deux commerçants l'un vis-à-vis de l'autre, au lieu de deux adversaires : la livraison forfaitaire de produits à un prix convenu pendant une durée déterminée, ce qui lui permet d'établir à coup sûr son prix de revient, est la garantie du salariant; la fixation du prix de main-d'œuvre d'après des considérations économiques prises de sang-froid est la garantie des Sociétés d'ouvriers. Le patron reste maître chez lui et l'ouvrier ne peut plus crier à l'exploitation. La grève inopinée est supprimée, et l'organisation du Travail a remplacé l'état anarchique actuel de l'industrie.

Peut-être cette forme de contrat de travail est-elle appelée à s'étendre dans la grande industrie avec le développement des Syndicats ouvriers, comme un mode perfectionné du contrat collectif de travail.

La Coopérative de consommation serait l'idéal, car elle contient en elle-même le moyen de créer et de développer la « Coopérative de production » en lui fournissant le capital.

Le pays où les « Coopérateurs » se sont le plus développés est l'Angleterre. Il y a, dans ce pays, 1,000,000 Coopérateurs (4,8 0/0 de la population totale et 25 0/0 de la population ouvrière industrielle). Le capital des « Coopératives de consommation » est de 570 millions de francs et leurs ventes annuelles s'élèvent à 1,400 millions. Une seule, celle de Leeds, compte 50,000 membres et fait 38 millions d'affaires. Pour utiliser leur capital, elles commanditent des Sociétés de production ouvrières, ou bien entreprennent elles-mêmes la production. Elles ont construit 38,000 maisons, pour leurs membres, qui représentent un capital de 200 millions de francs.

Leurs recettes (cotisations et revenus) se sont élevées à près de 50 millions de francs en 1897, et, durant les six années, 1892-1897, elles ont dépensé plus de 230 millions, dont 20 0/0 pour les grèves, 27 0/0 pour le chômage, 15 0/0 pour maladie et accident, 8 0/0 pour la retraite, 11 0/0 pour les décès, 17 0/0 pour l'Administration et 20 0/0 pour divers besoins.

En France, il y a 1.880 sociétés de consommation avec 570.000 coopérateurs (1.4 0/0 de la population). Elles font 180 millions d'affaires annuelles.

En Allemagne, ces sociétés sont aussi nombreuses qu'en France. Elles font 300 millions d'affaires annuelles. Celle de Breslau a 85.000 sociétaires et fait à elle seule 32 millions d'affaires.

En Italie, il y a un millier de sociétés, avec 200 à 250.000 sociétaires. L'« Union de Milan » a, toute seule, une vente de 5 millions de francs.

En Belgique, il y a 300.000 coopérateurs (7.4 0/0 de la population). La seule « Maison du Peuple » de Bruxelles possède 18.000 coopérateurs et fait de 4 à 5 millions d'affaires. Le célèbre « Vooruit » de Gand englobe 0.600 coopérateurs.

L'« Union allemande Schulze-Delitzch », qui compte 522.000 membres, n'a pas encore entrepris d'opérations de commerce, mais l'« Union centrale » allemande (socialiste, 600 sociétés avec 450.000 membres), la « Fédération belge » (socialiste, 105.000 membres), l'« Union des coopératives suisses » de Bâle (103.000 sociétaires), toutes ces sociétés ont des magasins centraux et des entrepôts régionaux.

Mais l'intensité du mouvement coopérateur se fait surtout sentir dans les « Fédérations des coopératives anglaises ».

Les deux *Wholesales* de Manchester et de Glascow, fondées en 1864 et 1868, embrassent presque toutes les sociétés coopératives de consommation de la Grande-Bretagne. Chargées des achats en gros pour leurs sociétaires, elles font des ventes qui s'élèvent à plus de 600 millions de francs.

Le côté le plus intéressant de ces sociétés de consommation, c'est qu'elles subventionnent des sociétés de production indépendantes ou qu'elles fondent elles-mêmes des entreprises de production à leur usage. Elles occupent ainsi près de 300,000 ouvriers et produisent ou font produire pour plus de 230 millions de francs par an.

Malgré cet effort, qui paraît considérable, le capital de ces sociétés ne représente pourtant qu'une minime partie du capital en Angleterre, la 500e partie peut-être, et leur action ne s'est pas généralisée. Les coopératives, en effet, n'ont pas abordé la grande industrie (mines, métallurgie, transports, textile, etc.), ni l'agriculture. Elles se sont bornées jusqu'ici aux objets d'alimentation, au vêtement, aux chaussures.

La fabrique de chaussures de Leicester occupe 2,000 ouvriers, celle de Glascow 4,000.

Malgré donc les « Building Societies » anglaises (Sociétés de construction) qui comptent 650,000 membres prêteurs et emprunteurs et ont construit pour plus d'un milliard de francs, et les « Building and Loan Societies » des Etats-Unis qui, dès 1893, avaient dépensé plus de 3 milliards de francs pour bâtir 350,000 maisons à bon marché, la « Coopération » n'a pas jusqu'ici suffisamment dessiné son mouvement pour qu'on puisse prédire qu'elle détient en elle une partie de la solution du problème social.

Il faut bien dire, il est vrai, que jusqu'alors les sociétés coopératives — même les sociétés socialistes — se sont beaucoup plus préoccupées de procurer des avantages à leurs membres ou à leur Parti que d'améliorer l'état social. Si l'on était mal intentionné, on pourrait leur appliquer le mot de Proudhon : « Associés pour eux seuls, ils le sont contre tout le monde. »

A part l'Allemagne et l'Italie, le *Crédit coopératif* n'a joué jusqu'ici qu'un rôle insignifiant dans le commerce et l'industrie. La « Banque coopérative » de Milan est la propriété pour les 2/3 des artisans et des détaillants. Le montant des avances et escomptes des « Unions italiennes » atteint 800 millions par an.

Les *Coopératives agricoles* groupent, en France, 600,000 cultivateurs dans 2,400 syndicats, dont les achats sont estimés à 200 millions de francs par an. Mais jusqu'alors ce ne sont surtout que des Sociétés d'achat. Cependant, en Allemagne, elles ont formé des « Kornhaüser » (magasins de blé) et, en 1901, ces Sociétés se livrant à la vente des céréales, ont livré 3 millions et demi de quintaux pour 60 millions de francs. Elles ne désespèrent pas dans l'avenir de former une « Union » qui dominera le marché intérieur, libérera l'agriculture de la spéculation, régularisera les cours à l'abri des tarifs douaniers et réglera les emblavures selon les besoins présumés de la consommation.

Les *Sociétés agricoles de production* sont encore rares. Et, cependant, ne devraient-elles pas avoir des boulangeries, des boucheries, des distilleries, des moulins, des sucreries ?

Au contraire, elles se sont appliquées avec un plein succès à la production du beurre et du fromage. Pour cela, un certain nombre d'herbagers se sont associés, ont apporté leurs capitaux, se sont engagés à fournir tout leur lait à la Coopérative et, après avoir fixé la rémunération du capital à un taux invariable, ils se sont partagés enfin d'exercice l'excédent du bénéfice au prorata du lait fourni par chacun des coopérateurs...

Le groupe de la Charente et du Poitou, en France, comprend 50,000 cultivateurs possédant chacun deux vaches en moyenne et réalise une vente de 24 millions de francs. En Belgique, les Laiteries coopératives comprennent 47,000 sociétaires et vendent pour 22 millions de francs de produits. L'Union de Darmstadt a 93,000 adhérents et fait 110 millions de recettes.

En Irlande, elles ont 24,000 sociétaires et font environ 20 millions d'affaires. Les laiteries coopératives, en Danemark, comprennent 140,000 membres et vendent pour 140 millions de beurre par an, dont une grande partie en Angleterre. Ce qu'il y a d'intéressant, c'est que ces coopératives, en payant plus cher et en exerçant un contrôle rigoureux sur les livraisons du lait de leurs associés, ont fait disparaître progressivement, en Danemark, les laiteries capitalistes. Le même fait a été signalé d'ailleurs en Suède, en Belgique, aux Etats-Unis, dans l'ouest de la France.

Certaines coopératives, les *Gildes locales catholiques belges*, qui comptent 115,000 membres et se composent de 700 sociétés, réunissent des « Gildes » rurales d'achat, des caisses rurales, des laiteries, des sociétés d'assurance contre la mortalité du bétail, des syndicats d'élevage. Elles font des progrès tous les jours.

La Coopération agricole s'est étendue au « crédit ». En Allemagne, la Coopération de crédit compte 1,350,000 membres, composés de cultivateurs pour les trois quarts, avec un capital (actions et emprunts) dépassant un milliard 1/2 de francs, avec des avances, en fin d'année, presque aussi grandes.

En Autriche-Hongrie, il y a 5,000 caisses. Les 1,500 caisses Schultze-Delitzch, avec leurs 924,000 adhérents, ouvrent des crédits annuels de 800 millions de francs.

En France, il existe 51 caisses régionales, 1,000 caisses rurales environ et les prêts s'élèvent à 50 millions de francs.

Tous ceux qui cherchent la solution de la question sociale

dans la démocratisation de la propriété et la substitution du travail associé au travail individuel ou au travail salarié, ont compris que le salarié ne pourra devenir producteur indépendant s'il ne peut se procurer des capitaux. Qui veut donc l'indépendance des ouvriers doit chercher à leur procurer les instruments de production, les capitaux et le minimum de propriété indispensable à l'exercice de leur liberté. C'est donc à la constitution de l'*Association Coopérative de Crédit*, sous la double forme de banque populaire dans les villes et de caisse rurale dans les campagnes, qu'il faut aboutir si l'on veut libérer l'ouvrier et permettre aux artisans et aux paysans de lutter contre la concurrence de la grande industrie et de la grande culture.

Mutualité

La *Mutualité* ne paraît pas être non plus en état d'apporter un remède général aux maladies économiques du corps social. Les retraites qu'elle a assurées jusqu'à présent sont insuffisantes. Elle a peut-être mieux réussi dans les secours-maladie.

Les « Friendly Societies » et « Collecting Societies » anglaises sont au nombre de 28,000, comptent 12 millions de membres et disposent d'un capital de 1 milliard de francs.

En France, il y a près de 15.000 sociétés avec 2 millions 718,000 mutualistes, dont 358,000 membres honoraires, 340 millions de capital et 30 millions de revenu.

Le nombre des secourus, d'après le rapport de M. Barberet au Président de la République, s'est élevé, en 1901, à 570,281, soit 24,42 0/0 des sociétaires participants. Le nombre des pensionnés a atteint en même temps 100,989. Mais quelle maigre retraite, 80 francs !

Le budget des recettes de la Mutualité est de 47 millions de francs, dont 28 millions viennent des sociétaires, 2,300,000 des membres honoraires, le reste est fourni par les subventions de l'Etat ou des Communes.

La Mutualité pourra jouer un rôle de premier ordre dans l'avenir, lorsqu'on créera l'assurance obligatoire contre la maladie, par exemple, mais pour qu'elle donne tout ce que la démocratie peut en attendre, il faut qu'elle se débarrasse des membres honoraires et de la tutelle patronale.

Associations professionnelles

Les « Unions professionnelles », les « Syndicats », ont été plutôt jusqu'ici des organes de défense ou de combat que des associations groupées pour conquérir les instruments de travail.

La Fédération des « Trades Unions », en Angleterre, compte 420,000 associés; la « Fédération des travailleurs de l'industrie textile » 130,000; celle des mineurs, 303,000. Depuis dix ans, les « Unions » se sont accrues d'un tiers, passant de 1,500,000 à 2 millions de membres sur 7 millions de travailleurs industriels que contient le Royaume-Uni. Leurs cotisations sont, en moyenne, de 40 francs par an. Leur fortune dépasse 100 millions de francs et leurs recettes annuelles atteignent 50 millions.

En Allemagne, les syndicats socialistes comptent 750,000 membres. Ils ont une recette annuelle de 14 millions de francs, dont 10 0/0 sont consacrés aux grèves et 37 0/0 en secours mutuels.

En France, les associations professionnelles ouvrières ont 613.000 syndiqués. La proportion sur l'ensemble des ouvriers de l'industrie et des transports est d'environ 10 0/0. Les mineurs sont groupés dans la proportion de 42 0/0, les ouvriers du bâtiment dans celle de 23 0/0, les métallurgistes dans celle de 15 0/0, les typographes dans la proportion de 15 0/0.

On compte aujourd'hui, en 1904, 8,580 associations scolaires et post-scolaires, qui conduiront plus tard les jeunes gens et les jeunes filles à l'association mutualiste, coopérative ou professionnelle, et plus de 5,000 associations coopératives au lieu de 1,018 avant l'année 1900.

En Belgique, il y a 77 syndicats ouvriers avec 132.000 syndiqués. Le syndicat des ouvriers du chemin de fer compte 37.000 membres, celui des mineurs 57.000.

Depuis une douzaine d'années, le mouvement syndical s'est largement accusé. De 1890 à 1903, le nombre des ouvriers syndiqués a passé de 1 million 1/2 à 2 millions en Angleterre, de 140.000 à 650.000 en France, de 350.000 à 1.100.000 en Allemagne, de 800.000 à 2 millions aux États-Unis (30 0/0 environ des ouvriers de l'industrie), et, dans les pays où les syndicats sont les plus puissants et les mieux organisés, en Angleterre et en Belgique, la tendance est de donner aux « Unions Ouvrières » le double caractère d'union de résistance et de mutualité. C'est surtout grâce à cette dernière fonction du syndicat que les cotisations ne restent pas impayées et qu'on peut en élever le taux.

La naissance et le développement des syndicats ouvriers sont faciles à comprendre. L'isolement de l'ouvrier a dû cesser en même temps que la pulvérisation des petites entreprises. La centralisation industrielle appelait nécessairement l'entente et la coalition ouvrières. Concentration et concurrence agissaient dans le même sens pour provoquer l'éclosion des associations ouvrières, puisqu'elles avaient le double résultat de réunir en grosses masses les travailleurs de l'usine et de rendre l'entente entre eux plus nécessaire que jamais pour la défense de leurs salaires menacés par une concurrence effrénée entre les industriels de tous les pays et l'abaissement des prix de transports.

Le malaise économique dont souffrent aujourd'hui les États Modernes tient en grande partie à la survivance des rapports individuels de l'ancien régime économique, alors que la production est devenue collective. Ces relations collectives entre le Capital et le Travail ne peuvent avoir pour organe que le syndicat. Le syndicat patronal représente la majorité des intérêts patronaux. Le syndicat ouvrier — qui doit comprendre la majorité des ouvriers d'une corporation pour être fort, qui doit avoir des Offices de placement, des Caisses de secours de route (*viaticum*) et des Caisses de chômage s'il veut être respecté — représente les intérêts ouvriers. L'Angleterre, où fonctionnent les contrats collectifs chez les ouvriers des chemins de fer, les mécaniciens, les constructeurs de chaudières et de navires, les mineurs, les cotonniers et les tullistes, les ouvriers du bâtiment, la cordonnerie mécanique, la brasserie, est aussi le pays d'élection des comités permanents de conciliation et du contrat collectif de travail. C'est ainsi que, dans ce pays, on a éloigné progressivement les conflits, les grèves et le chômage de moitié depuis huit ans, tandis qu'en France les grèves se multiplient et s'accroissent, au grand dommage de la fortune publique comme des salariés, que ce soit le fait de la grève ouvrière ou le lock-out patronal.

Le contrat collectif de travail est le seul mode rationnel entre employeurs et salariés, le seul qui soit en harmonie avec la production capitaliste. Aux salariés il permet de traiter sur pied d'égalité avec leurs acheteurs de force de travail, comme peuvent le faire des vendeurs de matières premières. Au lieu que leur travail et leur personnalité elle-même soient livrés à la discrétion de l'employeur par l'imprécision d'un contrat verbal et individuel, leur louage de services est limité par les clauses précises du contrat collectif. Aux chefs d'entreprises, ce régime assure des conditions stables pendant la durée du contrat et les garanties nécessaires contre les malfaçons et la grève. Aux ouvriers elle assure le salaire et les met à l'abri des rabais de la concurrence.

Ce n'est pas la panacée, le remède à tous les maux et à toutes les souffrances, mais je me trompe fort si le syndicat ne devient pas un jour un instrument merveilleux d'émancipation ouvrière, lorsque l'éducation économique des ouvriers sera faite et quand la loi aura donné aux syndicats la capacité civile, industrielle et commerciale. Ce jour-là, il sera facile à la masse ouvrière, pour peu qu'elle sache se servir de la Coopération, non seulement de traiter collectivement avec le « patron » comme le vendeur traite avec l'acheteur ordinaire, mais encore de parvenir à la société de production elle-même. Sans secousses, sans heurts violents, la masse prolétarienne peut s'affranchir. Il lui suffira pour cela de s'instruire, de raisonner, de s'organiser, de se rendre capable de conduire et d'administrer une affaire et de ne pas écouter les « révolutionnaires en chambre » qui vivent de sa crédulité en lui promettant le Paradis terrestre pour.... plus tard.

Avec le contrat collectif de travail les syndicats perdront l'habitude d'engager les grèves sans prévenance et cesseront de l'engager sans des raisons économiques indiscutables. Le syndicat perdra son caractère d'instrument de combat violent pour devenir un organe de discussion raisonnée et méthodique. L'arme de guerre d'aujourd'hui sera transformée en un instrument de paix.

Le Syndicat se rappellera que, de 1898 à 1902, il y a eu 3,002 grèves en Angleterre qui ont affecté directement ou indirectement plus d'un million de personnes et la perte de plus de 18 millions de journées de travail, ce qui fait, si l'on compte à 5 francs la journée, une perte de 90 millions de francs pour les ouvriers seulement, et si l'on tient cas de la répercussion, une perte de plus de 200 millions de francs. Les syndiqués se souviendront que de 1880 à 1900, il y a eu 22,203 grèves aux États-Unis, dont 14,457 (60 0/0) ont été déclarées par les « Labor-Unions », et que sur ce nombre, si 35 0/0 ont réussi complètement, 10 0/0 en partie, 48 0/0 ont échoué. Que les pertes auxquelles elles ont donné lieu ont été de 257,863,000 dollars en salaires (1,200 millions de francs environ), plus de 16,174,000 dollars versés pour soutenir la grève, et du côté des employeurs, 122,731,000 dollars, soit une perte de 396,700,000 dollars (près de 2 milliards de francs !)

Il faut dire, toutefois, qu'en partageant en deux lots, les grévistes qui ont réussi et ceux qui ont échoué, il résulte que l'accroissement total de salaires obtenu par les ouvriers à la suite de la grève en France, a dépassé de 5,271,000 francs les pertes subies par les ouvriers par suite des grèves. A tout prendre, c'est un gain pour les ouvriers.

C'est ce que l'on peut voir en consultant le dernier volume sur la statistique des grèves par l'Office du Travail et ce qu'avait indiqué M. Fontaine dans ses *Grèves et Conciliation.*

Si la loi sur l'arbitrage a échoué en France (loi du 27 décembre 1893), puisqu'elle n'a hâté la solution des conflits que dans 10 0/0 des cas de 1893 à 1901, et que, si sur un nombre de 1,140 recours à la loi, la demande en a été faite 623 fois par les ouvriers, 458 fois par le juge de paix et seulement 34 fois par les patrons, ce n'est pas une raison pour prétendre que la « Conciliation » et l' « Arbitrage » sont de mauvais moyens pour régler les conflits du Travail. Tout au plus peut-on soutenir que l' « Arbitrage facultatif » est un moyen insuffisant. Mais, dans l'avenir, le « Contrat collectif de travail », en éloignant la grève, rendra presque superflue toute loi sur l' « Arbitrage obligatoire ».

VI

L'Évolution économique

Le « Collectivisme », le « Capitalisme » et le « Salariat » devant les faits

Nous avons exposé les doctrines « Individualiste » et « Collectiviste ». Passons ces doctrines, sans passion et sans parti pris, au crible de la critique scientifique. Qu'est le collectivisme? La socialisation intégrale des moyens de production et d'échange, c'est-à-dire un régime dans lequel la propriété individuelle, hormis le vêtement et les objets usuels, n'existe plus. Un régime dans lequel le droit de propriété étant considéré comme la conséquence du surtravail, doit mourir avec la personnalité, donc un régime qui supprime totalement la propriété personnelle et l'héritage. Un système dans lequel la monnaie, moyen actuel des échanges, est supprimé. Un régime économique dans lequel le grand régulateur des prix et des salaires, l'offre et la demande, a disparu.

Pourquoi l'avènement de ce régime est-il fatal?

Parce que la concentration capitaliste prolétarise de plus en plus d'individus et qu'elle produira un jour — jour prochain — l'engorgement général qui engendrera la catastrophe finale.

Ses moyens?

La lutte de classe pour procéder à la conquête des pouvoirs publics et réaliser l'appropriation sociale de tous les instruments de travail.

Voilà la théorie. Que vaut-elle devant la méthode expérimentale, devant l'évolution économique?

La thèse « catastrophique » est-elle soutenable? La grande crise industrielle amènera-t-elle la « catastrophe » finale et l'effondrement définitif du régime capitaliste? Sera-ce par la force et la révolution que le prolétariat s'emparera des pouvoirs publics, ou par la force même des choses et d'une manière pacifique? Actuellement il n'y faut pas songer. Il y a trop d'intérêt en jeu, il y en a trop qui s'opposent à la transformation radicale pour que celle ci puisse être tentée. Si l'on envisage, du côté des possédants, la multitude des entreprises privées de toutes sortes, industrielles, agricoles, commerciales, maritimes et autres, on conviendra qu'il s'agirait de toute autre chose que de l'expropriation de quelques « potentats » du capital par la masse.

Paysans, propriétaires, fermiers, petits industriels, petits commerçants, employés et fonctionnaires de tous genres, qui sont venus grossir la masse des classes moyennes, sont en immense majorité hostiles à la révolution. Les populations rurales, de même que le petit commerce et la petite industrie, commencent à faire de l'opposition contre les lois de protection ouvrière, lorsqu'elles estiment qu'elles en feront en partie les frais. Il faut moins compter encore que le paysan, qui aime sa terre comme l'amant aime sa maîtresse, selon l'expression de Michelet, renoncera de lui-même à son lopin de terre, qu'il ne songe qu'à arrondir, et à sa culture indépendante. Les collectivistes l'ont si bien compris eux-mêmes qu'ils ont abandonné leur doctrine de la socialisation de la terre paysanne. Le collectivisme n'a pas conquis tous les ouvriers de l'industrie d'ailleurs. Si les ouvriers anglais et américains y sont restés réfractaires, c'est parce qu'ils ont su se réserver des salaires élevés, une vie confortable, et parce qu'ils ne croient pas à la révolution et qu'ils la jugent sans lendemain.

Sans doute, un certain nombre de petits commerçants et industriels sont dépouillés de leur indépendance économique par les grands établissements industriels et les grands bazars ; mais le phénomène n'est ni rapide ni général et, sur d'autres points, la classe moyenne a compensé ses pertes en s'agrégeant de nombreux salariés.

La doctrine révolutionnaire marxiste, la crise catastrophique du maître sont peu à peu abandonnées par les disciples. Kautsky lui-même, Kautsky qui représente les idées du collectivisme allemand le plus intransigeant, n'y croit plus. A mesure que les faits viennent démentir la théorie de la misère grandissante, on proclame que la transformation sociale sera l'œuvre d'un prolétariat affranchi de la misère, plus instruit et plus conscient de lui-même.

Sans doute les collectivistes révolutionnaires n'ont pas assez de mépris contre le « bourgeois » ; sans doute ils se plaisent à exciter la défiance des ouvriers à l'égard des « intellectuels » dont les efforts qui ne sont accompagnés d'aucune haine de lutte de classe sont présentés par eux comme une tentative de domestication, mais c'est là une tactique toute naturelle à un Parti qui ne veut point perdre sa clientèle.

Au demeurant, ceux des collectivistes qui connaissent l'histoire et l'ensemble des phénomènes sociaux, savent fort bien que ce n'est pas à coups de décrets qu'on change la constitution économique et sociale d'un peuple, si ces décrets n'ont pas, au préalable en quelque sorte, passés dans les mœurs et ne sont pas comme le fruit même de l'évolution sociale.

D'ailleurs, que le régime capitaliste soit condamné par sa constitution même à devenir sa propre proie en raison de la surproduction qui, un jour, engorgera tous ses rouages, lui rendra la vie impossible et imposera sa disparition pour faire place à la propriété collective, voilà une proposition qui aurait besoin d'être appuyée d'une bonne démonstration. Sismondi, Rodbertus, Marx et Engels eux-mêmes, ont cherché à démontrer qu'il y a surproduction universelle parce que le pouvoir d'achat est borné par la faiblesse du revenu des salariés d'un côté, et de l'autre, par le besoin de reproduction du capital qui nécessite des quantités croissantes de profits.

« On doit fatalement arriver à la surproduction générale et à l'engorgement universel, dit Kautsky, si l'évolution économique continue de progresser comme elle l'a fait jusqu'ici, car le marché extérieur comme le marché intérieur a ses limites, tandis que l'extension de la production est pratiquement illimitée.

Mais c'est là une erreur. Le marché est évidemment limité, puisque le monde a des limites; mais il ne l'est certainement en profondeur parce que les besoins de l'homme sont infinis.

On a fait remarquer que les échanges se font avec d'autant plus de facilité que les produits deviennent plus abondants et plus variés. Les pays n'ont rien à craindre du développement économique d'autres pays, qui leur servent de débouchés; leurs produits d'exportation s'écouleront d'autant mieux que les autres pays pourront leur fournir une contre-partie plus forte. Au fond, et Marx l'a reconnu lui-même dans son « *Capital* », les crises industrielles ne sont que des surproductions partielles, des erreurs accidentelles de la production et de la spéculation. Ces crises ne sont pas inévitables, des producteurs mieux informés pourraient les éviter. L'accroissement universel des richesses et le perfectionnement du crédit, ainsi que Bernstein l'a invoqué dans sa « *Socialdémocratie* », peuvent raréfier ces crises. C'est ce qui fait qu'elles deviennent plus rares, plus localisées et moins aiguës chez les nations où l'évolution économiques est la plus avancée. M. Bourguin a rappelé dans ses « *Systèmes socialistes* » qu'on a observé qu'en Angleterre l'influence des crises sur le nombre des mariages, sur le paupérisme, sur la mortalité et la criminalité, si nettement visible dans les statistiques des districts industriels pendant la première moitié du dix-neuvième siècle, était à peine sensible depuis 1871.

Si la concentration des entreprises évolue vers le collectivisme, il faut convenir que c'est bien lentement. Supposer même qu'elle aboutira un jour à supprimer les exploitations indépendantes dans l'agriculture, le commerce, l'industrie et les transports, c'est bâtir en l'air une hypothèse, en dehors des données de l'expérience. C'est oublie que, sur le « champ agrandi de la production », les grandes entreprises peuvent se développer sans nécessairement que les petites disparaissent.

Sans doute la grande industrie et le grand commerce se sont développés et les petites entreprises ont diminué.

Mais dans l'agriculture la concentration ne se fait pas. Les Syndicats agricoles marquent bien une tendance vers l'exploitation collective, mais c'est un mouvement qui, loin d'écraser et d'absorber les petites entreprises, les fortifie, au contraire, et assure leur existence. L'exploitation paysanne est bien vivante; elle a su s'adapter aux conditions de la culture intensive, elle s'est fortifiée par la Coopération, et lutte sans perdre de terrain. Il est vrai qu'un certain nombre d'ouvriers agricoles ont émigré vers les milieux industriels et sont venus augmenter le prolétariat industriel; mais, si par ce moyen s'accroît le nombre des salariés industriels, par ce moyen aussi décroît le nombre des salariés agricoles. Le prolétariat décroît dans l'agriculture et l'importance des exploitants indépendants y augmente tous les jours. Les paysans-propriétaires forment un bloc qui ne paraît pas de longtemps vouloir s'effriter.

Dans le commerce de détail, la position des commerçants reste ferme. Ils se multiplient dans certaines branches et restent fermes dans d'autres, parce qu'ils restent nécessaires pour les articles de consommation journalière et courante. Si, sur l'ensemble, les petites entreprises commerciales augmentent moins vite que les grandes, le mouvement n'est certainement pas assez accusé pour les empêcher de s'accroître d'une façon absolue.

Si les artisans résistent moins bien en face de l'industrie mécanique ou de l'industrie à domicile salariée, ils ne reculent cependant que très lentement, même dans des pays aussi avancés en industrie mécanique que l'Allemagne. Quand ils ne sont pas directement en concurrence avec la machine, les métiers se maintiennent; parfois même ils s'étendent lorsqu'ils répondent à des besoins locaux et rapprochent le consommateur du producteur.

VII

Concentration des entreprises industrielles et commerciales

En Allemagne, de 1882 à 1895, d'après la *Statistik des Deutschen Reichs* (1895) les petites exploitations industrielles (employant moins de 5 personnes) sont tombées de 2,175,000 à 1,980,000, soit de 3 0/0. Les exploitations moyennes (employant 6 à 50 personnes) sont passées de 85,000 à 139,000, soit une augmentation de 64 0/0, et les grandes exploitations (employant plus de 50 personnes) sont montées également de 9,481 à 17,941, soit de 87 0/0. La proportion du personnel des petites entreprises tombait de 3,270,000 à 3,191,000, soit de 55 à 46 0/0, tandis que celui des entreprises moyennes passait de 1,109,000 à 1,902.000 et celui des grandes entreprises de 1,554,000 à 2,907,000. Et si les petits établissements occupent encore dans ce pays 46 0/0 du personnel, ils n'emploient plus que 15 0/0 du total des forces en hommes, le moteur-mécanique (1 cheval-vapeur est compté pour 24 hommes) ayant accaparé tout le reste.

Dans le *Commerce et les Transports*, les petites entreprises ont augmenté d'une façon absolue. Elles ont monté de 670,000 à 900,000, mais, durant ce temps, les exploitations moyennes passaient de 26,500 à 49,200, soit de 3,8 0/0 à 5,1 0/0, et les grandes exploitations de 463 à 960. De sorte que l'importance relative des petites entreprises a diminué. Elles comptent cependant encore pour 94 0/0 dans l'ensemble des exploitations.

Les personnes occupées dans les petites entreprises, en 1882, étaient de 1,000,000; elles sont 1,500,000 en 1895 (75 0/0 du total au lieu de 69 0/0); dans les moyennes entreprises, elles montaient de 271,000 à 526,000 et, dans les grandes entreprises, de 54,500 à 120,700.

De ce qui suit, il ressort que si la petite industrie compte encore dans l'ensemble, en 1895, pour 92 0/0 (95 en 1882) et le petit commerce et transports pour 94 0/0 (96 en 1882), il n'en demeure pas moins certain que les établissements d'industrie, de transports et de commerce, occupant plus de 1,000 personnes, n'étaient qu'au nombre de 126 en 1882 et qu'en 1895, ils sont au nombre de 254; qu'ils employaient 212,000 personnes en 1882 et qu'ils en employaient 447.000 en 1895.

De 17, 3 0/0 en 1882, les patrons indépendants ne sont plus que 12, 2 0/0 dans l'industrie en 1895. Dans le commerce, ils tombent de 26, 3 à 22. 9 0/0. Ils font place aux sociétés anonymes par actions.

En France, en 1896, selon la *Statistique du Ministère du Commerce, Industries et Professions*, 1896, l'*Industrie* comptait 480.070 petites entreprises (1 à 4 salariés) avec 806.627 salariés (25.9 0/0 de l'ensemble), 78.105 moyennes entreprises (5 à 50 salariés) avec 913.070 salariés (29.3 0/0), et les grandes entreprises étaient au nombre de 7.450 avec 1.392.800 salariés (44.7 0/0). Les établissements occupant plus de 1.000 ouvriers sont au nombre de 151 et emploient 313.000 ouvriers sur un total de 3.111.000.

Dans l'*Industrie et les Transports* (moins les chemins de fer), les petites entreprises étaient au nombre de 503.040 avec 830.817 salariés (24 0/0 de l'ensemble des établissements), les moyennes entreprises au nombre de 81.064 (13 0/0 du total des établissements) et les grandes entreprises comptaient pour 7.624 (1.2 0/0 du total des établissements). Grandes et moyennes entreprises avaient 2.718.657 salariés, soit 76 0/0 de l'ensemble.

Dans le *Commerce*, les petites entreprises comptaient pour 209.794 (90 0/0 de l'ensemble) avec 535.537 employés ou ouvriers (51 0/0 de l'ensemble); les moyennes entreprises pour 22.884 (9.8 0/0), et les grandes entreprises pour 440 (0.18 0/0). Moyennes et grandes entreprises employaient un personnel de 331.020, soit 49 0/0 de l'ensemble.

Il y avait 486 fabriques de sucre en 1882, il n'y en avait plus que 334 en 1901. Le nombre moyen d'ouvriers employés par fabrique était de 65; il est maintenant de 48, et, au lieu de produire 337.000.000 de kilogrammes de sucre, on en produit 1.040.000.000.

En Angleterre (*Bureau Véritas*, 1880-1881-1902-1903), les entreprises possédant une flotte à vapeur supérieure à 100,000 tonneaux n'étaient que de 3 en 1880 avec 357,103 tonneaux, 5,2 0/0 de l'ensemble de la navigation à vapeur. En 1902, elles sont 30, avec 6,114,142 tonneaux, 24,4 0/0 de l'ensemble.

La concentration dans les manufactures de tissages et filatures ne s'est pas faite de la même façon. En 1870, il y avait 6,887 établissements avec 907,230 ouvriers ; en 1890, vingt ans après, le nombre des établissements n'avait pas diminué. Il s'élevait, au contraire, à 7,190 et le nombre des ouvriers y était de 1,084,631.

Aux États-Unis, de 1850 à 1900, d'après le *Census of the United States* de 1900, l'importance des établissements industriels (machines agricoles, cordonneries mécaniques, fer et aciers, lainages, construction des navires, etc.), a doublé ou triplé selon les catégories :

	Etablissements.	Capital en dollars.	Nombre d'ouvriers.	Valeur du produit en dollars.
	—	—	—	—
1850	123.025	553.245.000	957.000	1.019.000.000
1870	252.148	2.118.208.000	2.000.000	4.232.000.000
1880	253.852	2.790.272.000	2.732.000	5.369.000.000
1890	355.415	6.525.000.000	4.712.000	9.373.000.000
1900	512.339	9.835.000.000	5.713.000	13.014.000.000

En 1846, il y avait en Belgique 1 patron pour 18 ouvriers dans l'industrie (non compris l'industrie à domicile). En 1896, il n'y avait plus que 1 patron pour 3 ouvriers (*Statistique du Ministère de l'Industrie et du Travail*, 1896). La proportion est la même en France. Dans le commerce, au contraire, il y a un peu plus de patrons que d'ouvriers.

Aujourd'hui la grande industrie manufacturière, les mines, chemins de fer, navigation, commerce, banques, assurances, etc. sont constitués en sociétés par actions. En France (1899), le capital de ces sociétés monte à 13 milliards 1/2, non compris 22 milliards d'obligations. En Angleterre il s'élève à 70 milliards 1/2 de francs, y compris les compagnies de chemins de fer. En Allemagne (1896), il est de 10 milliards, sans compter 8 milliards d'obligations.

Aux États-Unis (1900) les sociétés par actions fournissent les 59 centièmes du produit total de l'industrie.

En 1903, les cinq grandes banques françaises par actions (y compris la Banque de France) possédaient un capital de 1 milliard, des dépôts et comptes courants pour 2,200 millions. En Angleterre, les dépôts, pour seize banques par actions, s'élèvent à près de 10 milliards de francs, et le capital pour les six principales se chiffre par 1,800 millions. La Deutsche Bank, dont le capital et les réserves montent à 245 millions de francs, a accru son chiffre d'affaires annuelles, en cinq ans (de 1893 à 1898) de 18 milliards de francs, en le portant de 29 à 44 milliards. On comprend que ces énormes Maisons de crédit aient supplanté les petites maisons de Banque locales.

Les grands Magasins et Bazars ne pouvaient non plus prospérer sans étouffer une partie des petites boutiques. On rencontre, à l'étranger, des Magasins comme le Louvre et le Bon-Marché, où l'on fait de 150 à 180 millions d'affaires par an.

Il en est de même des Compagnies d'Assurances. Leur nombre ne s'est pas élevé en France, mais la moyenne de leurs capitaux assurés a doublé depuis vingt ans. De 1870 à 1899, le nombre de ces Sociétés a diminué de 71 à 37 aux États-Unis, tandis que leur moyenne des sommes assurées sextuplait. En 1899, les trois principales Compagnies : l'Equitable, la New-York et la Mutual-Life, recevaient chacune de 200 à 220 millions d'indemnités et faisaient, à elles trois, autant d'affaires que toutes les autres Compagnies américaines d'assurances sur la vie.

Bref, la concentration industrielle a eu pour conséquence l'agglomération des capitaux dans des sociétés par actions et la décroissance progressive des entrepreneurs vis-à-vis des salariés.

En Allemagne, les entreprises collectives (y compris celles de l'État) qui employaient 30 0/0 du personnel total de l'industrie et des transports en 1882 en employaient 83 0/0 en 1895.

En France, en Belgique, les exploitations de plus de 1.000 ouvriers comprennent à peu près le 10e de la population ouvrière.

La concurrence effrénée et l'appât du gain ont poussé plus loin la concentration des capitaux et des entreprises. Certaines industries se sont coalisées pour mettre fin à une concurrence ruineuse, diminuer les frais et conquérir les marchés extérieurs. De là sont sortis les *cartels* allemands (fédération d'entreprises similaires tendant au monopole), et les *trusts* américains (fusion d'un grand nombre d'entreprises en une seule pour s'assurer le monopole de la production, de la vente et des transports).

Le *Census* de 1900 accorde 185 trusts aux États-Unis. Ils fournissaient 14 0/0 de la production industrielle et occupaient 8 0/0 des salariés. Leur capital s'élevait à plus de 15 milliards de francs.

On connaît le fameux trust du pétrole, le Standard Oil Cie, qui a distribué un dividende de 225 millions de francs, en 1900, 45 0/0 du capital. — On connaît le trust de l'acier, le plus formidable des trusts, fondé au capital de 7.200 millions de francs ! Il occupe 168.000 salariés et contrôle 60 à 80 0/0 de la production américaine selon les articles. En 1902, son produit brut s'élevait à 3 milliards de francs, ses recettes nettes à près d'un demi-milliard.

En France, les compagnies d'assurances sont syndiquées ; il en est de même des raffineries de pétrole depuis 1888, des raffineries de sucre depuis 1883.

Avec un pareil système on conçoit que quelques milliardaires puissent devenir les maîtres du marché et opprimer à leur volonté les producteurs indépendants qu'ils ruinent et les consommateurs qu'ils pressurent. Jusqu'alors toutefois ils sont restés impuissants à accaparer la plus grosse partie de la grande industrie et des transports.

La concentration n'a pas éliminé les *Ouvriers à domicile*. En Allemagne leur nombre n'a diminué que de 4 0/0 depuis 1882, et encore il rentre presque exclusivement dans l'industrie textile. Dans les autres métiers il s'est accru. Actuellement l'industrie à domicile occupe encore le cinquième des ouvriers industriels en Belgique et en Suisse, un tiers en Autriche, et en France, les Inspecteurs du travail s'accordent pour déclarer qu'elle ne cesse de s'accroître. Le tissage à domicile occupe encore le cinquième des ouvriers cotonniers et le tiers des ouvriers de la soie en Allemagne, la moitié des ouvriers en Belgique dans le coton, la laine, le lin. Dans le vêtement, modistes, couturières, chemisières, brodeuses, tailleurs, etc., l'atelier de famille se maintient. C'est cependant où l'on travaille le plus et à meilleur marché par suite de l'exploitation que l'entrepreneur exerce sur ces ouvriers qui consentent à tout pour rester chez eux. C'est même la raison pour laquelle le travail à domicile s'étend à mesure que les organisations ouvrières et la législation réussissent à améliorer la situation des salariés de la grande industrie. Le transport de la force électrique à domicile l'a favorisé chez les passementiers du Forez et de Saint-Etienne. Il sera un bienfait le jour où il diminuera la fatigue de l'ouvrier et accroîtra sa production tout en lui assurant un salaire convenable.

Le *métier isolé* occupe encore une place importante en Allemagne. Après avoir élagué la part de l'industrie à domicile, il figure pour 1,047,000 exploitations et 2,733,000 ouvriers. Dans les établissements indépendants occupant 6 à 10 personnes, l'accroissement a été très net de 1882 à 1895; le nombre des ouvriers s'est accru de 214,000, soit 60 0/0. En Belgique il occupe encore 36 0/0 du personnel total de l'industrie. En France, il n'y a pas moins de 2,000,000 personnes occupées dans la petite industrie, soit 40 0/0 du personnel total de l'industrie. Dans les campagnes, les artisans (boulangers, bouchers, charcutiers, pâtissiers, charrons, selliers, tailleurs, cordonniers, maréchaux-ferrant, etc.), restent très nombreux. Ceux qui travaillent sans ouvriers ni apprentis sont au nombre de 64 0/0. A moins d'être dépourvus de capitaux, les petits entrepreneurs de charpente, de maçonnerie, de peinture, de menuiserie, de couverture, de plomberie, de serrurerie, restent indépendants.

Malgré toute cette concentration capitaliste, le petit commerce est resté très vivace dans la catégorie des objets de consommation courante (Epiceries, Crèmeries, Comestibles, Droguistes, Marchands de vins, Restaurants et Hôteliers, etc.) En Allemagne les exploitations employant moins de 6 personnes, tout en diminuant cependant un peu d'importance par rapport aux catégories supérieures, a progressé de 1882 à 1895. L'augmentation des exploitations a été de 220.215 (34 0/0) et celui du personnel de 405.472 employés (40 0/0). En France, les petites boutiques, employant de 1 à 4 salariés, forment les 9/10 du total et comprennent la moitié de personnel salarié du commerce tout entier. Nous savons, en outre, par les patentes, que le petit commerce s'accroît puisque, depuis 1870, les maisons de petite industrie et commerce se sont augmentées de 210.000 (16 0/0).

NOMBRE DES PATENTÉS :

Petit Commerce. —	1885........	1.304.000
—	1890........	1.411.000
—	1895........	1.434.000
Grand Commerce. —	1885........	16.000
—	1890........	18.000
Industrie. —	1885..............	106.777
—	— 1899..............	106.500

En Allemagne, le nombre des employés de commerce et d'industrie s'est élevé de 204.000, en 1882, à 447.000, en 1895. En France, les employés étaient au nombre de 345.000 en 1891 dans l'industrie et les transports (8,8 0/0 des salariés) et de 378.000 dans le commerce (44 0/0 des salariés). Or, ces employés, quoique salariés, ne sont pas des prolétaires. En Angleterre, le nombre des petites boutiques est passé de 295,000 à 366.000 de 1875 à 1886, et leurs produits de 357 à 472 millions de francs.

Les *faillites* n'accusent pas non plus une crise progressive.

En 1885, on en relève 17.675 ; en 1896, le nombre en est de 17.030. On a dit qu'elles avaient triplé depuis 1860. C'est peut-être vrai. Mais on a oublié de dire qu'il y a cinq fois plus de commerçants !

Si l'Industrie et le grand Commerce dénoncent la concentration progressive des entreprises et un appauvrissement des petites là où celles-ci sont en lutte avec les grandes, l'*Agriculture* ne présente pas cette concentration.

En France, sur les 48 millions d'hectares de terres cultivées, 18 millions appartiennent bien à la grande propriété (au-dessus de 50 hectares), mais il est juste de dire que si cette grande propriété possède 67 0/0 des bois et forêts, elle n'entre dans la propriété des terres labourables, des prairies et pâturages et des vignes que pour 31 à 39 0/0. Sur les 18 millions d'hectares de la grande propriété, il faut encore d'ailleurs défalquer près de 6 millions d'hectares appartenant à l'Etat ou aux communes.

La très petite propriété (au-dessous d'un hectare) possède 2,2 0/0 de la contenance des terres cultivées, la petite propriété (de 1 à 10 hectares) 23 0/0, la moyenne propriété (10 à 40 hectares) 20 0/0.

Le nombre des exploitations agricoles a augmenté de 30,000 de 1882 à 1892, mais c'est au profit de la propriété parcellaire et de la grande propriété. La moyenne propriété diminuait de 33,000 exploitations, tandis que la petite propriété (moins d'un hectare) augmentait de 67,000. Il en résulte que, si le nombre des exploitations a augmenté de 1882 à 1892, il ne s'ensuit pas forcément que la division de la propriété se soit accrue, car la grande propriété a augmenté de 187,000 hectares aux dépens de la moyenne.

De 1882 à 1892, le nombre des propriétaires cultivant eux-mêmes leurs terres s'est élevé de 48,000, tandis que le nombre des fermiers et métayers-propriétaires diminuait d'un nombre presque égal. En même temps le nombre des journaliers-propriétaires diminuait de 138,000 sur 588,000. Ces 138,000 journaliers-propriétaires ont émigré vers la ville industrielle. Ils sont allés rejoindre les 394,000 journaliers et domestiques de ferme qui ont également pris le chemin des villes en dix ans (de 1882 à 1892).

En Belgique, les petites exploitations ont un peu diminué. Au contraire, les moyennes (10 à 40 hectares) et les grandes (plus de 40 hectares) ont augmenté de 1880 à 1895.

En Danemark, la petite culture garde une énorme prédominance. La grande culture n'occupe que 15 0/0 des terres labourables, la moyenne 73 0/0.

En Allemagne, de 1882 à 1895, la grande culture de plus de 100 hectares a reculé de 300 et les exploitations de 5 à 20 hectares se sont notamment accrues de 30.407. La petite et la moyenne culture occupent les 2/5 du sol cultivé.

On comptait 4.116.216 propriétaires ruraux en Autriche en 1883 et 4.042.176 en 1896.

En Hollande, la petite culture est en progrès. De 1885 à 1895, le nombre des petites exploitations a augmenté, tandis que celui des grandes exploitations a baissé.

En Angleterre, de 1885 à 1895, la grande culture (plus de 100 hectares) et la petite culture (moins de 2 hectares) ont diminué, au profit surtout de la moyenne culture, celle de 20 à 40 hectares. Depuis 1875, le nombre de propriétaires ruraux n'a cessé d'augmenter dans ce pays.

En Italie, M. Gatti estime que le nombre des propriétaires fonciers augmente. En 1882, ils étaient de 3.500.000 ; en 1892 de 4 500.000 ; pour 1899, ils ont atteint le chiffre de 4.860.000.

Aux Etats-Unis, si on en excepte les terres du Sud-Centre et de l'Ouest, pays des *ranches* (terres d'élevage), les cultures au-dessous de 70 hectares couvrent la moitié du sol, tandis que les grands domaines n'en occupent plus que 16 0/0. En 1850, on trouvait une ferme pour 14 paysans, aujourd'hui il n'y en a plus qu'une pour 9 personnes. La culture moyenne qui était de 81 hectares est tombée à 58 hectares. Les grandes exploitations tendent donc à se morceler. Le même fait s'observe en Australie et à la Nouvelle-Zélande.

En France, le chiffre des cotes foncières diminue régulièrement depuis 1883, ce qui suppose que le nombre des propriétaires fonciers s'amoindrit. Cette décroissance a pu être estimée à 5 0/0 en 1901. Ce sont surtout les cotes de 5 fr. à 50 fr. (1 à 10 hectares) qui supportent cette diminution. Au contraire, les petites cotes inférieures à 5 fr. augmentent.

Ces chiffres concordent avec ceux des statistiques des

propriétaires ruraux de 1882 à 1892. Alors qu'il y avait, sur les 4,800,000 propriétaires ruraux, 3,525,000 propriétaires exploitant eux-mêmes en 1882, il n'y en avait plus, en 1892, que 3,387,000. Ceux qui perdent leurs propriétés, ce sont les journaliers, les petits fermiers ou métayers, possesseurs de quelques lopins de terre. Ceux-là s'en vont vers la grande ville.

Mais si la grande propriété a gagné du terrain dans notre pays, elle ne le fait qu'avec une extrême lenteur, car, si elle a gagné 200,000 hectares de 1882 à 1892, sa part proportionnelle dans le produit de l'impôt foncier reste remarquablement stationnaire depuis 50 ans. Pour les cotes supérieures à 500 fr., il était de 18,1 0/0 du produit total en 1842; il était, en 1894, de 19,7 0/0.

Les exploitants directs diminuent d'ailleurs pour faire place aux « fermiers », aussi bien en Allemagne, en Hollande, en Belgique, aux États Unis qu'en France. En France les exploitations directes se chiffraient par 79,7 0/0 en 1882; en 1892, elles n'étaient plus que de 74,6 0/0. Elles entraient dans la superficie du sol cultivé pour 59,7 0/0; en 1892, elles n'entraient plus que pour 52,8 0/0. Le « fermier » passe de 9 millions d'hectares en 1882 à 12,000,000 en 1892.

La population rurale de notre pays a diminué de plus de 3 millions depuis 1846. Les exploitants indépendants de l'agriculture ont augmenté de 350.000, environ de 10 0/0, de 1862 à 1892, tandis que les salariés agricoles diminuaient de 1 million (25 0/0). De telle sorte que la proportion des premiers sur l'ensemble des travailleurs agricoles s'est élevée de 44 0/0 à 54 0/0. Le même phénomène a eu lieu en Allemagne, les exploitants indépendants passant de 2.288.000 à 2.508.000 de 1882 à 1895, tandis que les salariés tombaient de 5.723.000 à 5.048.000.

En France nous avions :

	1882	1892
Exploitants indépendants.	3.460.000	3.604.000
Ouvriers salariés.	3.452.000	3.058.000

Les ouvriers paysans qui abandonnent les travaux des champs vont grossir les rangs des ouvriers industriels et des employés de commerce; mais, si l'on considère l'agriculture en elle même, on ne peut dire qu'il y a une « prolétarisation croissante » des travailleurs. Marx, et plus récemment Kautsky, se sont donc trompés.

On ne peut pas non plus dire avec raison qu'en France l'hypothèque et l'usure ont rongé la propriété paysanne. La dette hypothécaire, au total, n'y dépasse pas 10 0/0 de la valeur de la propriété, soit 14 milliards de francs.

Si le « capitalisme » n'a pas, en agriculture, la même influence de concentration que dans l'industrie et le commerce, c'est parce que le petit laboureur, qui fait tout lui-même et par sa famille la plupart du temps, exploite quasi avec autant de profit que le grand exploitant. C'est moins la machine agricole qui chasse le paysan de la campagne que l'attrait des salaires plus élevés dans l'industrie. On peut s'assurer, en effet, que les cultivateurs ordinaires ne font pas d'économies en employant la machine, mais que, s'ils l'utilisent, c'est en quelque sorte contraints par le manque de bras.

Mais, si la grande propriété paysanne n'a pas dévoré la petite, il n'en reste pas moins vrai que, d'après la « Statistique de 1892 », 138,671 grandes exploitations possédaient à elles seules plus de 18 millions d'hectares de terres cultivables, tandis que plus de 5 millions de moyens et petits propriétaires n'en possédaient pas plus de 25 millions à eux tous. Parmi eux, 4,800,000 sont possesseurs de 1 à 10 hectares et 700,000 ne possèdent qu'une parcelle de moins d'un hectare.

Ici, ouvrons une parenthèse. Nous avons dit tout à l'heure que la diminution des cotes foncières coïncidait avec la concentration des terres accusée par la statistique agricole de 1892.

Oui; mais la diminution des cotes foncières rurales, qui avaient crû jusqu'en 1882, n'est pas due à la suppression graduelle de la petite propriété au profit de la grande, elle est la conséquence — comme on l'a montré — de la diminution de la natalité.

Au nombre de 12,394,366 en 1851, les cotes de la propriété paysanne montent à 14,311,423 en 1808, et sont encore à 14,335,000 en 1882, malgré la perte de l'Alsace-Lorraine en 1871. Mais à partir de cette année, la perte s'accuse. En 1902, les cotes ne comptent plus que pour 13,588,400. Seulement, durant ce temps, la natalité est tombée de 1 par 37.8 habitants à 1 par 45.0 habitants. Moins d'enfants, moins de divisions de la terre rurale. Chute des cotes.

C'est en vain qu'on prendra la statistique agricole décennale de 1892 qui constate que du chiffre de 3,525,542, en 1882, le nombre des propriétaires ruraux était tombé, en 1892, à 3,387,105, soit une diminution de 138,237, ou de 3.8 0/0. Car, durant cette période, la natalité avait fait baisser de 9 0/0 le nombre des anciens propriétaires. Si un certain nombre de propriétaires nouveaux n'avaient accédé à la propriété rurale, la perte n'aurait même pas été de 3.9 0/0 ou 138,237 unités, mais de 9 0/0, soit 317,208. Il en résulte vraisemblablement que 170,000 propriétaires nouveaux, prolétaires ou ouvriers agricoles, sont nés en dix ans.

Loin de diminuer, le nombre des propriétaires s'est donc accru. De 1855 à 1894, si les petites cotes ont baissé de 11 0/0 en moyenne, les côtes de la grande propriété ont fléchi de 15 0/0. Ce sont les cotes de 5 à 100 francs qui se sont le mieux tenues, celles de 100 à 1,000 francs qui ont le plus souffert.

L'époque de Louis-Philippe a été le triomphe de la grande propriété. Les cotes de 100 à 1,000 francs augmentent de moitié; celles au-dessus de 1,000 francs dépassent du quadruple la montée des cotes moyennes. Le gain de la grande propriété durant cette époque ne fut pas moins de 2,500,000 hectares. Le même phénomène avait lieu en Angleterre pendant le XVIIIe siècle.

On s'explique que Karl Marx et Engels, constatant ce qui se passait autour d'eux à la fin du règne de Louis-Philippe, aient pronostiqué la fin de la petite propriété.

La statistique décennale de 1892 attestant que, de 1882 à 1892, la grande exploitation, celle de plus de 40 hectares, avait conquis sur la petite propriété un domaine de 107,000 hectares, les collectivistes triomphaient. Mais comme on a démontré — G. Sabatier en particulier dans son « *Évolution de la propriété rurale* » — que la statistique agricole de 1892 fourmillait d'erreurs, et que, depuis, des études locales dans un certain nombre de départements (le Gard entre autres), ont démontré que, loin de s'écrouler, la petite propriété se développe et que c'est la grande qui dépérit malgré les avantages nombreux que notre organisation fiscale, judiciaire, du crédit et des transports lui réserve, on est obligé de convenir que nous sommes loin de la concentration prédite par Marx, Guesde et autres apôtres du collectivisme.

Quoi qu'il en soit les prédictions de Karl Marx datant d'un demi-siècle ne se sont pas réalisées. La concentration capitaliste ne s'est pas exercée à ce point qu'elle ait exproprié quasi toute la nation. Malgré les milliardaires, toutes les statistiques démontrent que le nombre des propriétaires ne cesse de s'accroître. La situation du prolétaire ne s'est point aggravée, son travail n'a pas augmenté, son salaire n'a pas diminué, l'accumulation de la misère n'a pas répondu à l'accumulation des capitaux. M. Neymark a établi que, de 1875 à 1898, le montant de la fortune mobilière et des droits successoraux n'a cessé d'augmenter. Aux 3,325,000 propriétaires terriens dénombrés en 1892 et jouissant ensemble d'une fortune estimée à 145 milliards de francs, il faudrait ajouter les possesseurs des biens mobiliers, qui ne montent pas à moins de 100 milliards, et l'on verrait que, depuis un demi-siècle, la propriété n'a cessé de s'étendre, de se mobiliser, de se disperser. Il n'est pas défendu d'espérer que, grâce au jeu de la liberté et de la Coopération, le jour n'est pas loin où, indépendamment des outils et des instruments directs de travail, chacun sera possesseur d'une parcelle de la fortune publique.

Que la richesse de la France soit très dispersée, cela est évident. Sur 100 ménages, l'Administration des Contributions directes en compte 85 comme propriétaires de leur maison. Sur 305,612 successions déclarées en 1902, les petits héritages de 10,000 francs et au-dessous représentent

85 0/0 du total, et en y ajoutant ceux de 10,000 francs à 50,000 francs, on obtient 96 0/0.

Les actions et les obligations des six grandes compagnies de chemins de fer qui représentent un capital global de 20 milliards de francs, sont la propriété de plus de 700,000 familles. Sur 520,001 certificats d'obligations, il y a 354,731 certificats, soit 68 0/0, de 1 à 24 obligations représentant chacune un capital de 400 francs. De 1860 à 1895, la moyenne des titres par certificat-action s'est abaissé de 20 à 12, c'est-à-dire que le nombre des petits porteurs de titres a presque doublé, en même temps que s'abaissait le taux de l'intérêt.

Les 182,500 actions de 1,000 francs de la Banque de France, valant 3,500 francs au cours actuel, sont réparties entre 28,000 actionnaires, qui n'ont pour chacun que 5 à 6 titres en moyenne, soit 15,000 à 20,000 francs.

Les 341,000 actions du Crédit Foncier, dont le capital social est de 170,500,000 francs sont dans les mains d'une quarantaine de mille actionnaires possédant, en moyenne, 9 actions chacun, c'est-à dire un capital de 5 à 6,000 francs.

Parmi les obligations du même établissement (obligations foncières et communales), 819 millions sont au nominatif et divisées en 208,053 certificats, soit, en moyenne, 400 francs pour chacun.

Les 812 millions de « Rentes » consolidées ou amortissables, intérêts d'une dette de trente milliards, sont répartis dans les mains des 2 millions de porteurs de « Rente française », ce qui représente pour chacun d'eux 403 francs de rentes, en moyenne, soit un capital de 13 à 14,000 fr. La dette est 12 fois plus forte qu'en 1814, mais le nombre des inscriptions de rentes est 30 fois plus élevé, la moyenne de rentes par chaque inscription 3 fois plus faible et le nombre des rentiers 15 fois plus élevé. Le nombre des petits rentiers, d'autre part, dépasse de beaucoup celui des gros rentiers. Les rentiers de rentes jusqu'à 200 francs sont dans la proportion de 75 0/0.

Les 4 milliards des Caisses d'Epargne sont répartis entre 8,000,000 livrets. Les Sociétés de secours mutuels, qui n'avaient que 58 millions en 1872 avaient, en 1874, un capital de 217 millions, 1,200 francs environ par mutualiste. La Caisse nationale des Retraites, qui dénonce l'épargne connue des Sociétés de secours mutuels, obtenait 1,338,850 versements en 1895, montant ensemble à 23 millions 638,154 francs.

Les dépôts et les comptes courants à la Banque et les grands Établissements financiers s'élèvent à envron 1 milliard et demi et sont distribués en près de 300,000 comptes, c'est-à-dire 300,000 industriels et commerçants.

On voit que, s'il existe une « féodalité financière et capitaliste », des gens qui vivent en parasites sur le travail des autres, il y a, à côté d'eux, un monde financier qui se résout en petits rentiers. Sans doute les capitaux se concentrent et s'associent, mais s'ils sont groupés pour une même œuvre, ils ne viennent pas des mêmes mains.

Dire avec les collectivistes que les conditions industrielles modernes feront que bientôt il n'y aura plus que deux classes uniques, les riches et les pauvres, les exploiteurs et les exploités, est hasardée. La division du travail, loi d'évolution, loi de progrès, a eu jusqu'alors plutôt une tendance à multiplier les classes sociales et, si l'introduction de la machine dans l'industrie a eu pour résultat de décupler la puissance du travail et pour conséquence les crises de surproduction et de chômage qui restreignent le pouvoir d'achat des ouvriers, partant la consommation, elle a eu aussi pour conséquence l'abaissement du prix des marchandises et l'augmentation de la consommation, c'est-à-dire qu'elle a compensé les effets désastreux de l'expropriation du travail manuel par la machine. Il est donc inexacte de dire que le machinisme n'a profité qu'à l'employeur.

A s'en tenir aux faits économiques on ne peut pas dire que le régime économique se ralentit et qu'il tend à disparaître par suite des crises de surproduction multipliées; ni la concentration industrielle, ni le développement des cartels et des trusts, des sociétés par actions, des Sociétés coopératives et des Syndicats agricoles, ni le progrès des exploitations par l'État et les villes ne nous conduisent au collectivisme. Même si on accepte que la doctrine marxiste n'est que « la description lapidaire, comme le dit Kautsky, d'une évolution qui met des siècles à s'accomplir », elle est dénuée du caractère de nécessité historique objective. Elle reste renfermée dans les brumes de la métaphysique transcendantale.

En se bornant à affirmer que la société socialiste de demain sera une « vaste coopération nationale où le bien-être et la liberté des individus résulteront de l'association des hommes et de la socialisation des choses », les collectivistes ne sortent pas du domaine de l'abstraction. Je ne puis donc comprendre que les collectivistes, qui se piquent d'être des « déterministes », puissent nous présenter la société collectiviste comme l'avènement nécessaire de la volonté des hommes. Ils croient à la bonté naturelle de l'homme et pensent que toutes les maladies du corps social tiennent aux vices des institutions. Ils sont convaincus « qu'il suffirait de procéder à une organisation rationnelle de la société pour faire régner la vertu, la paix et le bonheur parmi les hommes ».

Dans la « Société Nouvelle », il n'y aura plus besoin de casernes, de prisons, de tribunaux, de codes, parce que le vice, le crime et la misère auront disparu, au dire de Liebknecht; l'alcoolisme lui-même ne sera plus, selon la parole de Bebel, et Jaurès nous affirme que le fonctionnarisme n'engendrera plus ni servilité ni despotisme. Heureux présage! Naïve Foi! Et combien peu sont psychologues ceux qui parlent ainsi!

La justification du collectivisme ne se trouve donc ni dans la production anarchique et la crise catastrophique, ni dans la concentration capitaliste générale et progressivement croissante, ni dans ce que l'ouvrier ne reçoit pas la valeur intégrale de son travail, ni dans la théorie de la valeur, ni dans la loi d'airain des salaires.

Est-ce à dire que tout soit pour le mieux? Il faudrait bien peu me connaître pour m'accorder une pareille pensée. Que la richesse soit mal répartie, nous ne le savons que trop, et nous allons nous-même en fournir les preuves,

Selon M. Alfred Neymark, le savant statisticien bien connu, il y a en France : 10 fortunes de 100 millions et plus ; 100 fortunes de 10 à 50 millions ; 600 fortunes de 5 à 10 millions ; 4,000 fortunes de 2 à 5 millions ; 14,000 fortunes de 1 à 2 millions ; 20,000 fortunes de 500,000 francs à 1 million ; 50,000 fortunes de 250,000 à 500,000 francs ; 163,000 fortunes de 100,000 à 250,000 francs ; 202,000 fortunes de 50,000 à 100,000 francs ; 1,548,000 fortunes de 10,000 à 50,000 francs ; 3,800,000 fortunes de 2,000 à 10,000 francs ; 3,000,000 fortunes de 500 à 2,000 francs.

Cette statistique permet de constater que l'accumulation des richesses entre des possesseurs de plus en plus rares et de plus en plus riches, ne semble pas être un fait accompli. La dispersion et le morcellement des fortunes sont au contraire établis, puisque, si l'on compte bien, on découvre 8 millions de petits capitalistes possédant entre 500 et 10,000 francs.

Mais après cette constatation bien facile serait celui qui se déclarerait satisfait. Il y a bien en France 8 millions de personnes qui possèdent, mais les autres ? M. Neymark en a compté, en plus, 4,500,000 qui possèdent de 1 à 500 francs. Le reste des Français n'ont rien !

Les successions annuelles montent, en France, à plus de 5 milliards, sur lesquels le passif (à déduire dans la taxation) est d'environ 1/10e.

Année 1902

Importance de l'actif en francs		p. 1,000	Valeurs taxées en millions	
Plus de 5.000.000	27	0 07	250.9	52 0/00
De 1.000.000 à 5.000.000	381	1 05	714.2	150 —
— 500.000 à 1.000.000	684	1 90	453.7	95 —
— 250.000 à 500.000	1.473	4 05	513.5	108 —
— 100.000 à 250.000	4.250	11 70	662.8	130 —
— 50.000 à 100.000	6.964	19 80	477.4	100 —
— 10.000 à 50.000	39.198	107 80	904.4	190 —
— 2,000 à 10,000	97,257	267 50	554.2	189 —
Moins de 2,000..........	213,378	586 80	241.5	51 —
	363,612	1.000 »	4,772.2	1.000 0/00

Il résulte de ce tableau que les successions de 250.000 à 2.000 francs paient plus de la moitié des droits successoraux

Sur 1,000 défunts « dont le fisc a suivi le convoi », il y a 1 millionnaire, 2 demi-millionnaires, 4 quarts de millionnaires. Sur 1,000 successions taxées, il y en a plus de 950 inférieures à 50,000 francs, plus de 850 inférieures à 10,000 francs. Et comme il meurt annuellement en France environ 800,000 personnes, la moitié des Français en quittant ce monde ne laissent pas grand chose, puisque le fisc ne se donne pas la peine « d'ouvrir leur cercueil ».

En Italie, c'est pire encore. Trois fois sur quatre, ceux qui meurent dans ce pays meurent les mains vides. Les successions de moins de 2,000 lires y comptent pour 72 0/0 (60 0/0 en France).

Le prolétarisme est donc nettement démontré par ces chiffres et nous n'en voulons point amoindrir l'importance. Le paupérisme est là qui clame ses souffrances, nous nous gardons bien de lui fermer la main.

Le droit à la vie, le droit au pain, est un droit primordial; c'est le premier des droits de l'homme... Et quand nous voyons des ouvriers chargés de famille gagner 30 à 40 sous par jour, nous sommes pris d'une profonde pitié.

Il reste assurément scandaleux qu'un denier d'Anzin payé 5,000 francs, en vaille 500,000, et non moins pitoyable qu'une action des grandes Compagnies françaises d'assurance sur la vie payée 7,000 francs et remboursée déjà 18 fois en 1899, soit côtée 400,000 francs en Bourse. Autant la propriété individuelle, basée sur le travail personnel, est justifiée, autant la propriété capitaliste, qui provient de l'exploitation d'hommes par d'autres hommes, de la spéculation, de l'accaparement, de l'agiotage, est à proscrire. Si donc, avec les collectivistes, nous dénonçons la propriété capitaliste, nous osons aussi leur dire : « Vous avez tort de confondre la propriété individuelle fondée sur le travail avec la propriété capitaliste, et de les envelopper dans une même proscription. La première est, au contraire, aussi légitime et aussi morale que la seconde est injuste et démoralisante. » Nous soutenons l'une et nous combattons l'autre. C'est par là que nous avons le droit de nous dire républicains et socialistes.

VIII

Salariat

Les socialistes-collectivistes prédisent au prolétariat qu'il est dans ses destinées d'abolir le *salariat*. Le régime vers lequel nous porte le mouvement historique est-il celui-là. Il suffit de regarder les faits économiques qui se passent autour de nous pour voir, au contraire, que le nombre des salariés s'accroît tous les jours. Il est vrai que les collectivistes pourraient nous répondre qu'ils voient dans le salariat universel le glas qui sonnera la chute du régime capitaliste ! Ce n'est pas seulement le capitalisme qui, par a concentration des entreprises, accroît le nombre des salariés ; le développement de la Coopération, le développement des services publics, services d'Etat et services communaux, produit le même résultat.

Les institutions qui semblaient destinées à restreindre le salariat n'ont pas justifié les espérances qu'elles avaient fait naître. La Coopération de production est restée stationnaire et la participation aux bénéfices n'a fait aucun progrès.

Mais le salariat « n'implique par lui-même ni subordination personnelle, ni infériorité sociale ». La qualité de prolétaire n'est pas attachée irréductiblement à celle de salarié. Ce qui fait le prolétaire, c'est le salaire insuffisant, c'est l'instabilité de la position, la dépendance dans laquelle se trouve placé celui qui cherche un emploi vis-à-vis de ceux qui en disposent, l'incertitude de l'avenir. La position d'un comptable, d'un ingénieur, d'un fonctionnaire, d'un salarié quelconque, considéré et bien payé, n'est ni moins indépendante, ni moins avantageuse, par elle-même que celle d'un entrepreneur de l'industrie.

Si donc on trouve le moyen d'assurer les salaires tout en rendant le salarié libre et indépendant, tenu d'obéir seulement aux clauses mêmes de son contrat de travail, je ne vois pas en quoi la situation de salarié serait méprisable.

Il est indubitable que les salaires se sont élevés durant le cours du XIXe siècle cependant que le prix des choses nécessaires à la vie augmentait moins vite ou même baissait depuis 1880. D'après les évaluations de M. Souchon, tandis que le salaire doublait depuis 1850, le prix de la vie ne montait que d'un quart. En 1860, les ouvriers à Paris gagnaient, en moyenne, 4 fr. 50 et les ouvrières 2 fr. 10 par jour; en 1891, les ouvriers touchaient 6 fr. 40 et les ouvrières 3 fr. 15. Dans les départements, le salaire moyen des ouvriers montait, durant le même laps de temps, de de 2 fr. 76 à 4 francs et celui des ouvrières de 1 fr. 30 à 2 fr. 20. Les journaliers agricoles touchaient 1 fr. 85 en 1862, et en 1892, leur journée était payée 2 fr. 04.

En 1857, l'ouvrier des mines de houille gagnait 2 fr. 48 par jour; en 1894, il touchait 4 fr. 57. Sur 100 francs de produits nets, la part du capital était de 30 0/0 et celui du travail de 70 0/0 dans les mines françaises du Nord et du Pas-de-Calais.

D'un tableau graphique de l'Exposition de 1900 publié par le Ministère du Commerce et de l'Industrie, il résulte que le prix de la vie a augmenté de 30 0/0 depuis le début du XIXe siècle (encore qu'il ait baissé pour beaucoup d'objets d'usage courant), tandis que les salaires augmentaient de 128 0/0. C'est au même résultat qu'est arrivé M. Bowley, qui a minutieusement scruté ce problème. M. Ch. Gide accorde 77 0/0, dans son remarquable rapport sur l' « *Economie sociale* », à l'Exposition de 1900. En tenant compte des variations du pouvoir d'achat de l'argent, M. Bowley estime que le salaire réel a haussé en France, en Angleterre, aux États-Unis, durant cette période, de 80 à 90 0/0, tandis que le prix de la vie n'augmentait, en moyenne, que de 28 à 30 0/0.

L'usage du pain blanc, du sucre, du café, des boissons alcooliques, etc., a augmenté dans des proportions considérables. Il y a donc eu un « salaire supplémentaire » que l'ouvrier peut consacrer à autre chose qu'à l'achat du pain quotidien. M. Carnegie, le bienfaiteur de l'Université d'Edimbourg, constatait, l'année dernière, que plus de 2 milliards de francs servaient par an, en Angleterre, à l'achat de boissons alcooliques. Que de salaires sacrifiés à une œuvre de mort !

Mais tout cela n'empêche pas que, pour toute la France, l'ouvrier est obligé de vivre, en moyenne, avec un salaire de 1,000 francs par an et l'ouvrière avec 500 francs (il est le double en Angleterre sans que la vie matérielle soit plus chère). Sans doute, il y a beaucoup d'ouvriers qui gagnent plus de 3 francs par jour, et heureusement ; mais ce qu'il y a d'effrayant, c'est qu'il en est beaucoup aussi qui gagnent moins. D'après le *Life and labour of the people in London*, de Charles Booth, il y a 200,000 ouvriers dans la ville de Londres qui ne gagnent pas 2 francs par jour, et le *Recensement officiel des industries* en Belgique nous a appris que plus de 50,000 ouvriers des industries belges étaient dans le même cas. On est pris de pitié quand on sait que nos tisserands du Cambrésis gagnent 20 à 30 sous par jour et que nos journaliers agricoles des Flandres gagnent quotidiennement 20 sous !

Le nombre des familles anglaises jouissant d'un revenu de 4 à 25,000 francs était de 300,000 en 1851, 990,000 en 1881, 1,500,000 en 1900.

En Prusse, les contribuables ont augmenté, de 1870 à 1890, de 20 0/0, les revenus de 2,400 francs à 24,000 de 31 0/0, ceux de 7,200 à 24,000 de 58 0/0. En Saxe, de 1870 à 1894, les revenus de 1,000 à 2,000 francs se sont accrus de 110 0/0, ceux de 2,000 à 12,000 de 72 0/0.

Les statistiques officielles de l'impôt sur le revenu dans quelques grandes villes allemandes indiquent que de 1884 à 1892, les revenus de 900 à 800 marks ont diminué, tandis que ceux de 801 à 1,200, et 1,201 à 2,500 marks ont augmenté. Il s'ensuit que la situation des ouvriers s'est améliorée. La *Leipziger Volkszeitung* (5 novembre 1899) en concluait que la « sozialdémokratie » n'est pas le produit de la misère et du désespoir, mais qu'elle est le résultat de la conscience de sa force d'une classe qui monte.

Où est dès lors l'accumulation des misères ? Et c'est surtout durant la seconde moitié du XIXe siècle que se sont accrus les salaires, comme c'est en Angleterre et aux États-Unis, pays où les journées de travail sont les plus courtes et où le machinisme est le plus développé, qu'ils sont les plus élevés. Il n'est donc pas exact d'avancer que la machine les a diminués. De 1860 à 1890, la force mécanique a doublé. Et cependant le nombre des ouvriers s'accroissait en même temps par rapport à la population totale. Il n'est donc pas exact non plus de dire que la machine chasse les ouvriers de l'usine et de l'atelier.

Durant que les salaires augmentaient, le taux de l'intérêt de l'argent s'abaissait, depuis cinquante ans, de près de moitié, restreignant ainsi la part du capital oisif et mettant de plus en plus les « rentiers » dans l'impossibilité de vivre de leurs rentes et les obligeant à demander au travail le complément qui leur est nécessaire.

A quoi est due cette augmentation des salaires ?

A l'augmentation de la productivité du travail par le fait des progrès techniques. C'est la machine, la machine tant conspuée par les ouvriers mal renseignés qui a produit ce bienfait. S'il était nécessaire d'en fournir des preuves, il serait facile de montrer que le taux des salaires est d'autant plus élevé dans un pays que l'outillage industriel y est plus perfectionné et qu'il en est de même dans les établissements d'un même pays. C'est ce que la dernière grève d'Armentières, entr'autres, a mis en lumière. Et l'on pourrait aussi donner la preuve que l'élévation des salaires provoque à son tour le perfectionnement des machines. De l'accroissement de la production, la classe ouvrière retire un double bénéfice : une hausse de salaire et une diminution du prix de la vie. On pourrait croire que ces deux tendances sont contradictoires. Il n'en est rien. Si les entrepreneurs parviennent, en effet, par des améliorations techniques, à augmenter la production tout en réduisant le prix de l'unité, il leur devient possible d'augmenter les salaires tout en diminuant le prix de la marchandise. En fait, c'est ce qui s'est passé. Grâce à une augmentation régulière de salaire depuis 60 ans, grâce à une réduction à peu près générale des prix depuis 30 ans, le bien-être s'est accru dans les classes ouvrières et les travailleurs ont obtenu leur part du progrès matériel.

Cette part a-t-elle été justement établie? Cela est une

autre affaire. Mais, en tout cas, encore que la quote-part du Travail ait été insuffisante, cela n'entache en rien la valeur du principe.

En supposant même que la hausse des salaires élevât le prix des marchandises, cette hausse reste toujours profitable à la classe ouvrière. Si, en effet, la hausse des salaires devient la moitié en plus, la hausse des marchandises n'atteindra qu'un tiers, parce que le prix d'une marchandise ne se compose pas seulement des salaires, mais d'autres éléments, tels que l'intérêt de l'argent, le profit. D'autre part, quand il s'agit d'objets qui n'entrent pas dans sa consommation ordinaire, la classe ouvrière n'est pas atteinte du tout.

Mais, pour que le salariat cesse d'être une oppression, il ne suffit pas que les salaires soient relevés, il faut encore que le travail soit moins long, moins pénible, moins absorbant.

Dans cet ordre d'idées, la législation ouvrière depuis 20 ans a apporté de notables améliorations. La journée de travail de 13 et 15 heures dans l'industrie a fait place à celle de 10 heures, dans certaines industries à celle de 8 heures. La femme et l'enfant ont été protégés dans les ateliers, le travail de nuit supprimé, la salubrité des usines considérablement améliorée.

Pour que le contrat de travail ne conserve aucun caractère de sujétion et que le salarié retrouve la qualité d'un homme libre, alors même qu'il est un ouvrier d'usine, il faut que les termes en soient bien définis et que le mode, la qualité et la durée des prestations à fournir par l'ouvrier soient très nettement déterminés. A cette condition, le travailleur n'est plus un serviteur à la disposition de l'employeur; c'est un homme libre qui a vendu une quantité de travail en vertu de clauses bien déterminées et qui engagent les deux parties. Le contrat de travail tend à prendre ce caractère, à la fois digne et de précision, dans les pays où il est conclu par les associations ouvrières. Le *contrat collectif* (associations commerciales de travail) fait perdre au louage de services ses caractères irritants. C'est le contrat de l'avenir, celui qui rendra libre le travailleur louant sa force-travail pour un temps et à un prix déterminé dans l'exécution de certains ouvrages.

Reste enfin, pour les salariés, à conquérir le bien le plus précieux, celui de la sécurité du présent et de l'avenir. A cet égard, la loi est déjà venue en aide aux travailleurs, en posant les principes du risque professionnel et de la responsabilité des accidents du travail, et en instituant, dans certains pays — et le nôtre l'introduira demain — l'assurance obligatoire contre la maladie, l'invalidité et la vieillesse, contre le chômage, cette plaie douloureuse du prolétariat tout entier.

L'assurance obligatoire contre la maladie, applicable aux salariés de l'industrie, de l'agriculture, et aux ouvriers à domicile, protège aujourd'hui en Allemagne 9 millions d'ouvriers (2/3 de la cotisation à la charge du salarié, 1/3 à la charge de l'employeur). L'assurance, également obligatoire contre l'invalidité et la vieillesse, s'y étend à près de 13 millions de salariés (la cotisation est payée par l'Etat, les patrons et les assurés).

Dans l'agriculture, diminuer l'impôt de la terre qui, dans certains pays paie jusqu'à 25 0/0 du revenu net, établir l'impôt sur le revenu à partir seulement de 2,000 à 3,000 francs, descendre les formalités et les droits de mutation, encourager le crédit agricole et le warrantage, les syndicats agricoles d'achat, de vente et d'assurances (grêle, bétail, incendie), relever la situation morale et matérielle du journalier paysan, voilà qui fera mieux l'affaire des « agricoles » que toutes les excitations à une transformation immédiate de propriété qu'on sait impossible.

Si des dispositions légales et contractuelles, rigoureusement appliquées dans l'ensemble de l'industrie, limitent la journée de travail, interdisent le travail de nuit et prescrivent des jours de repos, l'entrepreneur y trouvera une protection contre la surproduction anarchique et sera moins exposé à la crise. Pourquoi s'opposerait-il à ces dispositions de la loi ? Le remède au mal du chômage forcé se trouvera assurément un jour. L'organisation générale de l'assurance contre le chômage, entreprise par les syndicats ouvriers avec l'aide de l'État, ou par les corporations ouvrières et patronales, « légalement organisées et rendues responsables des irrégularités des industries vis-à-vis du personnel », ne contiendrait-elle pas le secret de la guérison ? De fait, les crises générales, qui provoquent les chômages en masse, paraissent s'atténuer. Pour les chômages partiels, on trouve des remèdes dans le service de placement organisé soit dans les Offices municipaux, soit dans les Bourses de travail, dans les secours de voyage préparés par les organisations syndicales, dans les coalitions de producteurs, les coalitions ouvrières, les lois protectrices du Travail.

Le temps de l'arbitraire patronal est passé. Ce n'est le « Roy » ni « l'Empereur » qui le ressusciteront. Il y a un roi en Angleterre et un empereur en Allemagne, ça n'empêche pas les douloureux conflits du travail d'avoir lieu comme en France où l'on est en République. Les réactionnaires et les cléricaux feraient bien de renoncer au « Sauveur » pour rappeler à l'ordre le monde ouvrier.

Les ouvriers ne demandent plus aujourd'hui au « patron » de bâtir pour eux des maisons, de fonder pour eux des économats, des écoles, des églises, des institutions de prévoyance et de philanthropie. Ils ne veulent plus du *truck-system* (payement des salaires en nature) qui les domestique et les asservit. Ils veulent être considérés comme des hommes et des citoyens libres et faire leurs affaires eux-mêmes. Ils savent que, lorsque le patron fonde quelque institution de prévoyance pour l'ouvrier, c'est quelquefois par bienveillance personnelle, mais surtout parce que le « bonheur » des ouvriers c'est la « tranquillité » des patrons. Le patron catholique qui fait la « charité » la fait parce que ça lui rapporte. On fait l'aumône pour gagner le ciel, plus encore, peut-être, pour conquérir ou conserver les biens de la terre. On donne peu pour recevoir beaucoup. Cette charité là m'a toujours paru avoir une très proche parenté avec l'usure.

Le patron « père de ses ouvriers » ne correspond plus à l'idéal des prolétaires. Le « patron », vieux mot qui sent le régime féodal est à rayer lui-même du vocabulaire.

Lorsque toute cette transformation du salariat sera faite, l'opposition entre les employeurs et salariés subsistera encore, comme existe l'opposition entre vendeur et acheteur, entre négociant et consommateur, mais la lutte de classes, l'antagoniste haineux de classe, perdra sa raison d'être et s'usera naturellement. La lutte de classe, c'est la protestation violente de la classe ouvrière contre un état de dépendance économique avilissante. Mais si l'on admet — et comment faire pour le repousser? — qu'un salaire plus élevé donnera un jour l'aisance au travailleur, qu'une journée de travail plus courte lui laissera des loisirs qui lui permettront de développer sa culture intellectuelle et artistique, que des contrats soigneusement faits limiteront exactement la somme d'efforts à fournir pour un prix fixé, les travailleurs se trouveront dès lors sur un pied d'égalité avec les employeurs. Ils se trouveront, l'un vis-à-vis de l'autre, comme le sont le vendeur et l'acheteur et n'auront pas plus l'occasion d'avoir de la haine l'un pour l'autre, surtout si le contrat collectif a remplacé le contrat individuel. L'employeur saura accepter avec autant de résignation les exigences des ouvriers et la hausse des salaires qu'il accepte aujourd'hui la hausse dans le prix du charbon. La guerre de classes n'ayant plus d'aliments s'éteindra.

IX

La Doctrine évolutionniste

Assurément le mouvement social qui se dessine aujourd'hui est loin de l'individualisme atomique établi par la Révolution française. Quand des associations de capitalistes, de producteurs, de consommateurs, de patrons, de salariés, se liguent pour endiguer, canaliser la production, limiter ou abolir la concurrence, pour imposer leurs règles à toute une corporation, pour obliger les dissidents à se « soumettre ou à se démettre », on se trouve assurément en présence d'un régime souverainement en contradiction avec la liberté du travail et des échanges et la conception inorganique de la liberté. L'intervention légale des pouvoirs publics au profit des classes ouvrières n'est pas moins opposée à la conception de la liberté absolue et sans limites de la production et des échanges. Et, sans doute le « patron n'est plus maître chez lui » et son autorité a diminué autant que celle du *pater familias* de la Cité antique. Mais l'hygiène publique, la sécurité, les besoins de la vie, le travail aux ateliers, tout ce qui concerne les rapports entre patrons et ouvriers, tend à être soumis au contrôle législatif. Une preuve, entre autres, c'est que, dans certains pays, en Suisse, notamment, une fabrique ne peut s'ouvrir sans l'autorisation du Gouvernement. La fabrique est donc devenue une sorte d'établissement public et le patron, par suite, une sorte de délégué public. Et, ce sont les transformations économiques elles-mêmes qui ont modifié les conditions de la liberté. La Révolution, en abolissant les maîtrises et les jurandes et les corporations n'avaient eu qu'un but : libérer l'homme de toute compression. Elle ne pouvait prévoir ni la reconstitution des grands domaines, ni la formation d'une immense fortune mobilière créée par la grande industrie, ni la formation d'un salariat industriel. Sans doute le syndicat de producteurs qui cherche à réduire les frais et à régler la production sur les besoins; les coopératives qui permettent aux consommateurs de vivre à meilleur marché en éliminant les intermédiaires, ceux que Proudhon appelait les « corsaires vivant aux dépens du producteur et du consommateur »; le socialisme communal et le socialisme d'Etat qui érigent en services publics des monopoles privés, sont des restrictions à la liberté, mais il n'est au pouvoir d'aucun gouvernement d'arrêter le mouvement économique. La réglementation du travail protège le développement et les forces vives de l'individu; c'est donc un progrès. Si le producteur et l'ouvrier, en raison même de l'association et de l'action collective, n'ont plus les facilités de travailler ni de faire travailler que dans des conditions contractuelles déterminées, c'est pour le bien général et la sécurité des uns et des autres; c'est donc un progrès. Si l'intervention de l'État a pour résultat une répartition plus équitable des richesses et des charges fiscales, ce ne peut être qu'un bien pour l'ensemble des citoyens. Si dans toute cette action, l'individu perd quelque chose de son autonomie, c'est seulement dans le cercle de sa vie économique ; pour le reste, pour ses libertés les plus essentielles, égalité civile, égalité politique, liberté de penser, de parler, d'écrire, de se réunir et de s'associer, elles lui restent constantes et intangibles.

Le passage des monopoles privés dans les mains de la Société, leur transformation en services publics, le socialisme communal et socialisme d'État, viendront compléter, pour le bien de chacun et le bien de tous, l'intervention actuelle de l'État dans les rapports du Capital et du Travail. Il faut empêcher avant tout le « Capitalisme » de transformer en « ploutocratie » le régime démocratique.

Les orthodoxes de l'économie politique, les partisans du « laisser-faire », prétendent que si l'État se substituait aux particuliers dans les entreprises, il en résulterait une perte énorme d'énergie. L'État, dit-on, exploiterait pour tout le monde et, n'exploitant pas pour lui, n'a ni les ressorts ni la vigilance du particulier qui expose ses capitaux et surveille ses profits. Exploitation molle et parasitisme, voilà à quoi il est exposé.

A cela, on peut répondre que l'exploitation par les grandes Compagnies est passible du même reproche. Lors de la discussion à la Chambre sur le rachat des chemins de fer, notre ami Bourrat n'a pas manqué de signaler combien le favoritisme grevait le budget des Compagnies de chemin de fer. Si d'ailleurs la gestion de l'État se montre faible par certains côté, ce n'est pas là un vice rédhibitoire et, si elle conserve un avantage considérable, c'est qu'elle reste préoccupée de servir l'intérêt public. Si nous avons l'autorité nécessaire pour que les services de l'État soient exploités dans l'intérêt public, et que les recettes, après prélèvement régulier pour l'amortissement du capital et l'extension de l'entreprise, profitent à la collectivité ; si nous avons soin d'en confier la direction à des compétences reconnues, soustraites aux influences politiques et d'instituer pour eux un budget séparé et autonome comme celui des exploitations privées, nous n'avons rien à redouter de l'extension des services d'État. Il ne s'agit pas d'ailleurs de la socialisation intégrale. La socialisation par l'État, pour respecter les faits économiques eux-mêmes que nous avons rappelés chemin faisant, ne peut s'appliquer qu'aux grandes entreprises, qui sont aujourd'hui dans les mains de sociétés anonymes, quand elles ne sont pas dans les siennes, ou dans celles de sociétés d'accaparement qui ont monopolisé le marché.

Si le *Socialisme d'État* a contre lui le développement des associations indépendantes, la fermeté de la petite culture, la survivance d'une multitude de petites entreprises industrielles et commerciales, dont rien ne vient fatalement prédire la disparition en face des grandes entreprises, il a pour lui la concentration industrielle, commerciale et financière, et l'extension des entreprises de l'État et des communes.

Les monopoles privés de l'eau, du gaz, de l'électricité et des tramways dans les villes, les cartels et les trusts, les Sociétés d'assurance-vie et d'assurance-accidents, ne peuvent rester en dehors du contrôle de l'État. Ils appellent un régime nouveau pour garantir les intérêts généraux.

L'intervention de l'État doit s'étendre. Elle doit non seulement comprendre la protection légale des travailleurs par la réglementation du Travail et les assurances sociales, l'hygiène et la sécurité des travailleurs dans les ateliers, la protection de l'enfant et de la femme dans l'industrie, la limitation de la durée du travail pour les hommes, le paiement en monnaie courante et la non-retenue des salaires, mais elle ne doit pas hésiter à transformer en services publics tous les grands monopoles privés qui ne profitent qu'à une catégorie de privilégiés. Mines, chemins de fer, banque, assurances, fabrication et vente de l'alcool, raffineries de sucre, de pétrole, etc., devront un jour ou l'autre devenir des services nationaux, comme le sont devenus ceux des routes et canaux, des postes et télégraphes.

Si l'État ne veut point de l'exploitation directe, il peut

ou bien se réserver une part effective dans l'administration et une quote-part dans les bénéfices, ou bien, comme l'ont fait l'Italie et la Hollande pour leurs chemins de fer, donner en location à des compagnies fermières ses propres exploitations.

Dans certains pays, l'assurance-incendie est un service géré par l'État, les provinces et les villes. C'est ainsi qu'en Allemagne les capitaux assurés par les caisses publiques d'assurances immobilières qui étaient de 13 milliards en 1856, s'élèvent aujourd'hui à 60 milliards.

Non seulement dans certains pays les villes ont créé des Caisses d'épargne municipales et des Monts-de-Piété, mais aussi des caisses de chômage comme à Berne et à Cologne, des bureaux municipaux de placement, qui sont très nombreux en Suisse et en Allemagne. D'autres villes, sans gérer elles-mêmes ces services, allouent des subventions aux syndicats ouvriers pour grossir leurs caisses de chômage (Gand) ou soutenir les Bourses du Travail.

En Angleterre, les entreprises municipales d'eau et de gaz ont accaparé la moitié des exploitations. Les entreprises municipales d'électricité (lumière et force motrice) y sont deux fois plus nombreuses que les entreprises privées. Les entreprises de tramways y sont au nombre d'une centaine.

La ville de Glascow a organisé l'enseignement obligatoire et gratuit; la cantine scolaire pour les enfants nécessiteux qui fréquentent les écoles; elle fournit aux habitants l'eau, la lumière, les appareils d'éclairage et de chauffage, elle éclaire les escaliers communs des maisons à plusieurs logements comme elle éclaire les rues; propriétaire des tramways, elle met à la disposition des ouvriers des trains presque gratuits le matin et le soir, des salles de natation, des lavoirs publics.

La ville de Tourcoing fait elle-même son gaz d'éclairage et le vend 17 centimes aux habitants (elle pourrait le vendre moins si elle ne voulait pas en retirer des ressources budgétaires).

La ville de Bruxelles fabrique également son gaz et le

vend 12 centimes. Pendant ce temps, les Parisiens avaient le privilège de le payer 30 centimes à la Compagnie parisienne! Voilà comment l'exploitation privée est préférable à l'exploitation communale.

Mais ces municipalisations de monopoles ne suffisent plus aux villes anglaises. La loi de 1890 sur l'hygiène et la salubrité des grandes villes les a autorisées, après avoir démoli les quartiers malsains, à les recontruire elles-mêmes. A Londres, on a ainsi transformé un quartier tout entier, dépensé 25 millions de francs pour loger une population de 17,000 personnes, et projetant d'en loger bientôt 60,000. Glasgow, Manchester, Birmingham et d'autres villes anglaises sont entrées dans la même voie, et certaines villes d'Allemagne, d'Italie et de Suisse ont dirigé leurs efforts du même côté. Les communes de Saint-Gilles et de Schærbeek, à Bruxelles, ont commencé à construire elles-mêmes des maisons d'ouvriers. La ville de Glascow construit des maisons à bon marché qu'elle loue aux familles pauvres et, pour couvrir l'accroissement des dépenses, elle a recours aux bénéfices réalisés par les industries socialisées. Certaines villes anglaises, dans le but de diminuer la mortalité des petits enfants, ont entrepris de vendre du lait pur et stérilisé. Sur cette pente, il est facile d'aller plus loin. Pourquoi, peut-on se demander, les villes ne se chargeraient-elles pas elles-mêmes de fournir les denrées de première nécessité à la population pauvre? En fait, les boulangeries, les boucheries, les pharmacies municipales, sont déjà établies dans certaines villes d'Italie. Dans un but d'hygiène et de bon marché, les villes anglaises sont sollicitées d'étendre leurs services à la vente des denrées alimentaires et de municipaliser les débits de boissons.

Le socialisme municipal fait partie intégrante de l'évolution économique, au même titre que la concentration industrielle, que la Coopération et la législation ouvrière. La seule chose qu'il faille retenir, lorsqu'on s'engage dans cette voie, c'est que la ville qui exploite un service public doit observer pour lui une comptabilité distincte, de façon à apprécier si les recettes couvrent les dépenses. Il est bon, également, que les bénéfices soient réservés à l'amélioration des services d'où ils proviennent, dans l'intérêt du matériel, du personnel et du public.

Je sais bien que la jurisprudence du Conseil d'État, en France, nous éloigne singulièrement des services communaux. Le Conseil d'État soutient que les villes n'ont pas à faire « œuvre commerciale », et l'exploitation d'un service public est toujours une œuvre industrielle Mais il appartient au Législateur de lever les scrupules et les préjugés de nos Administrations françaises. Le jour où les monopoles privés se trouveront en concurrence avec les monopoles de l'État, l'intérêt public ne s'en portera que mieux.

La hardiesse de la législation anglaise, pays monarchique, pourrait être donnée en exemple, en l'espèce, à notre routinière République.

Pour opérer l'expropriation de la classe maîtresse conformément à la justice et en suivant la ligne de moindre résistance, a dit quelque part Vandervelde, un des chefs du socialisme belge, il faut s'attaquer, au moyen de l'impôt, à ceux qui ne travaillent pas ou ne travaillent plus : aux propriétaires en frappant la rente et les valeurs consolidées ; aux morts, par la restriction progressive du droit d'héritage.

Mais cela, ce n'est plus du collectivisme, et il ne m'est pas désagréable de constater que M. Vandervelde sait être opportuniste à ses heures. Cela c'est le vieux programme radical qui disait : « La main-mise de l'État doit s'exercer sur toutes les industries qui ont tourné au monopole et quand ce monopole est de nature à affecter l'intérêt général. » Le mieux, en effet, c'est encore de s'en tenir à cette formule qui n'atteint en aucune façon la propriété légitimement acquise par le travail personnel, ni l'initiative individuelle, ni ne peut menacer la liberté de la masse : « Intervention de l'État pour faire passer du domaine capitaliste dans le domaine national les diverses catégories de moyens de production et d'échange au fur et à mesure qu'elles seront mûres pour l'appropriation sociale », c'est-à-dire que les grands monopoles de fait qui se sont créés, soit à la suite de privilèges économiques concédés par le Gouvernement, constitués par le développement même de la grande industrie, des grands transports ou de la haute banque, et ne profitent qu'à une classe de privilégiés en nuisant à la grande masse, doivent disparaître pour être transformés en services publics et servir au bien-être de tous.

Ce procédé ménage la propriété individuelle, la seule respectable, la seule justifiée, celle qui repose sur le travail personnel. Il ne saurait effaroucher ni l'ouvrier de l'usine ni le paysan, pas plus que ceux qui vivent du travail journalier de leurs bras ou de leur cerveau. Il ne conduirait pas, comme l'expose le collectivisme intégral, à un régime social de misère, sinon de servitude anonyme, mille fois plus dangereuse que le despotisme des tyrans, et dans lequel le peuple n'aurait fait que changer de maître.

D'ailleurs, l'expérience a démontré que l'antagonisme qu'on a craint entre l'initiative privée et les œuvres d'État n'existe pas. Nulle part l'association libre ne s'est autant développée qu'en Angleterre, et c'est aussi dans ce pays que l'intervention législative a agi avec le plus d'activité dans le domaine social. Le merveilleux esprit d'association de la race germanique a fait éclore plus de 20,000 sociétés coopératives, et là aussi cependant, l'Étatisme a rudement fait sentir sa main. Ce facteur ira sans nul doute grandissant, comme il est naturel que l'association libre, à mesure qu'elle s'étend et qu'elle s'universalise, tend à se transformer en service public. L'objection que toute intervention de l'État dans le domaine économique est mauvaise parce que *coercitive*, perd singulièrement de sa valeur quand la législation est la codification de l'opinion publique et une décision de la majorité. Certes ! les majorités n'ont pas toujours raison — Ibsen prétend qu'elles n'ont jamais raison — mais on ne peut cependant immoler l'opinion de la majorité à celle d'une minorité réactionnaire.

Il est probable, d'autre part, que la « direction » ne perdra pas de son importance économique à mesure que se fera la substitution de l'entreprise collective à l'entreprise individuelle. Les services publics appellent assurément le rôle grandissant de « conducteurs d'hommes ». Et si le « patronat » subsiste, il faudra bien qu'il se modernise. La force des choses obligera le patron à se renfermer dans son usine, qu'il fera belle, salubre et attrayante, où il y aura propreté, salles de repos, salle à manger, fourneaux pour faire réchauffer les aliments, vestiaire, bains et douches, en un mot tout ce qui peut faire du métier d'ouvrier une « profession libérale ». Il n'en sortira plus pour étendre en dehors de chez lui sur la vie privée, civique ou religieuse de ses ouvriers cette ombre tutélaire si lourde aux prolétaires enfin devenus des citoyens.

Devons-nous nous interdire de chercher à voir plus loin? Assurément non. Aujourd'hui l'évolution économique ne paraît pas s'orienter vers la disparition de la propriété individuelle et du salariat. Mais nul ne peut prétendre que ce sont là des institutions éternelles. Déjà, nous avons prévu que le domaine de la propriété collective s'étendra, et que la propriété individuelle, sous la pression de certaines forces, telles que les lois d'impôts et de protection du travail, perdra elle-même sa qualité de droit absolu. A côté du droit personnel s'élèvera le droit collectif. La libre concurrence ne sera plus la liberté de l'oppression. L'inégalité des richesses ira en s'amoindrissant. Le salariat, régénéré, transformé, anobli, libéré de toute entrave, de toute chaîne, de toute servitude, se modifiera profondément par l'émancipation progressive des classes ouvrières. Peu à peu, par l'harmonie des forces sociales, concourant également au bien-être général et au bonheur de chacun, la démocratie républicaine aura ainsi définitivement conquis la liberté et l'indépendance économiques comme elle a conquis l'égalité politique.

Voilà ce que nous permet d'apercevoir une vision prochaine. Seulement toute société recèle en elle-même des forces potentielles inconnues dont l'observateur n'a pas la mesure, mais dont l'action se fait sentir quelque jour pour conduire l'humanité vers plus de lumière, vers plus de justice. C'est vers cet idéal que nous marchons; convaincu que l'égalité dans l'ordre politique engendrera l'égalité dans l'ordre social.

Mais, me diront les collectivistes, vous n'avez foi ni dans la participation aux bénéfices, ni dans la Coopération et vous laissez subsister le salariat? Vous n'êtes qu'un réactionnaire! Si cette boutade m'était adressée, je renverrais ceux qui me l'adresseraient à l'étude consciencieuse et suivie des faits économiques. Ce n'est pas de ma faute si la doctrine collectiviste se base sur une erreur, sa théorie de la valeur, et sur une observation mal interprétée ou hâtivement généralisée de ce que l'on a appelé la concentration capitaliste.

Ce n'est pas de ma faute si l'évolution économique ne nous conduit pas fatalement et inexorablement vers l'appropriation sociale de tous les moyens de production et d'échanges, ce qui est bientôt dit, mais ce qui ne se ferait pas si facilement.

La méthode critique démontre que la conception marxiste d'après laquelle l'histoire du Travail se résume dans ces trois mots : esclavage, servage, salariat, n'est pas exacte, puisque l'évolution économique démontre que, si le le serf rural s'est souvent transformé en journalier, c'est-à-dire en salarié, il s'est aussi transformé en petit propriétaire, en métayer, en fermier et que, d'autre part, le salariat industriel est une transformation, non du servage, mais du compagnonnage. Le capital, étant le fils de la division du travail, il n'est pas exact non plus de dire qu'il est le fruit exclusif du surtravail de l'ouvrier. Il est le produit de la coopération des individus.

Le capital n'est donc pas uniquement du travail accumulé et la force-travail n'est pas l'unique source de la valeur. Que le nombre des pauvres soit toujours de plus en plus grand et les riches toujours de plus en plus riches, et que la concentration capitaliste soit un phénomène général devant aboutir à l'explosion, cela enfin n'est pas démontré par l'étude des faits économiques.

L'esprit spéculatif construit pour le bonheur de l'humanité une cité lointaine ; le réformiste cherche à combattre immédiatement par des moyens appropriés les maladies du corps social, sans perdre pour cela l'idéal et sa foi invincible dans le progrès. Tel est la différence des procédés.

Nous n'éprouvons aucune honte à déclarer que nous ne possédons pas la baguette magique qui doit transformer le monde et en chasser définitivement la misère et l'injustice. Nous savons que les transformations de l'humanité sont lentes et douloureuses. Nous savons qu'elles exigent de longs et patients efforts, et quand nous les avons faites nous croyons que nous avons rempli une tâche qui ne sera jamais achevée. L'égalité pour but, la liberté comme moyen, voilà notre formule sociale. C'est l'étoile qui nous guide vers la Terre promise.

En donnant à tous la même possibilité sociale de se développer, la Société donne à chacun ce qui lui est dû. Il faut envisager la Société comme une véritable Coopération pour la vie dans laquelle il y a « obligation réciproque et et engagement bilatéral de chacun envers tous et de tous envers chacun », et droits et devoirs doivent être égaux pour tous pour rester justes. Ce principe d'interdépendance et de solidarité est le guide sûr qui peut conduire à l'établissement d'un régime de justice social certain. A la condition de ne pas nuire aux droits de tous, la liberté individuelle doit être entière. Mais cette liberté a pour limite la liberté des autres. Si, en politique, la liberté doit l'emporter sur l'autorité, en matière économique il faut, au contraire, faire la plus petite part à l'individu, la plus grosse à la Société, parce que la richesse est surtout le fait de la vie sociale, parce que les âges actuels la doivent aux âges passés, parce que la grande richesse conduit fatalement à la domination d'un homme sur les autres hommes, parce que les monopoles privés sont essentiellement oppresseurs.

En matière politique, les Gouvernements doivent considérer toute contrainte comme une mesure provisoire destinée à limiter les écarts et les défaillances de la personne humaine. Il faut espérer que le progrès moral, indéfini comme le progrès des cerveaux eux-mêmes, rendra de moins en moins pressante l'action de l'autorité publique sur les individus. Chacun remplissant ses devoirs sociaux envers tous et tous envers chacun, toujours d'une façon plus scrupuleuse et plus humaine, le régime d'autorité perdra progressivement de sa nécessité. — C'est l'idéal entrevu par A. Comte.

Evidemment, nous jouissons de l'égalité civile et politique. Mais il serait inexact de ne pas reconnaître que, s'il n'y a plus de classes politiques, il y a toujours des classes sociales. La bourgeoisie est fille de l'industrie et du commerce, voilà pourquoi elle n'existait pas dans l'antiquité. Elle constitue une classe spéciale dont la principale force est la richesse ; elle reste profondément séparée du peuple par l'éducation et les mœurs. Mais elle n'est cependant pas comparable aux castes formées de l'Ancien Régime. On voit tous les jours des fils de paysans et des prolétaires passer dans le domaine de la bourgeoisie. Détenant le capital, elle est forte par ses privilèges économiques et oppressive des prolétaires. C'est la justification de l'Interventionnisme d'État en matière économique et en législation ouvrière.

Le but à atteindre, en économie sociale, c'est d'obtenir le maximum de résultats avec le minimum d'efforts ; d'adapter la production aux besoins, c'est-à-dire obtenir une production scientifiquement réglée ; de répartir entre tous les membres de la société le travail à faire et équitablement entre eux les fruits du travail.

Dire avec les collectivistes que la production, abandonnée comme aujourd'hui à la liberté des intérêts individuels, ne se règle pas sur les besoins des consommateurs et que le producteur produit selon ses caprices et comme à l'aventure pour gagner de l'argent, n'est assurément pas exact. Certes, le producteur produit avant tout pour vendre et pour réaliser des bénéfices, mais précisément pour vendre et faire des bénéfices il est obligé de se plier aux besoins des consommateurs et à la loi de l'offre et de la demande.

L'association ouvrière et le contrat collectif de travail empêcheront que la concurrence se fasse sur le « dos » des ouvriers. Les nouvelles conquêtes de la science asservissant de plus en plus la nature aux besoins de l'homme et la juste intervention de l'État feront le reste.

Pourquoi, enfin, n'aboutirait-on pas à une convention internationale du travail?

« Qu'on tienne la concurrence et la lutte pour la loi éternelle du monde, ainsi que l'a dit Millerand, lorsqu'il était ministre; qu'on estime au contraire que l'accord et l'harmonie en seront un jour les règles; pourquoi ne pas tenter, dès à présent, d'humaniser la bataille économique, comme on a essayé d'adoucir la guerre à main armée? Celle-ci a sa convention de Genève, pourquoi celle-là n'aurait-elle pas la sienne?

« Le respect de la vie humaine, la protection de l'enfant et de la femme, le souci des misérables et des faibles feraient-ils perdre de sa grandeur à la lutte que se livrent d'une nation à l'autre les industriels et les commerçants?

« Les traités de travail méritent de devenir une branche du droit des gens. »

La démocratie est non seulement le gouvernement du peuple, le gouvernement du peuple pour le peuple, mais la disparition des classes et des privilèges. C'est le règne de la justice distributive dans ce qu'elle a de plus large et de plus généreux, et un tel régime, que les prolétaires ne l'oublient pas, ne peut accepter davantage la tyrannie collective que la tyrannie d'un seul. Il est bon qu'ils réfléchissent et qu'ils ne se laissent pas entraîner ni par les mirages décevants ni par une démagogie servante de réaction, ni par les violents et les renchérisseurs qui, au lieu d'apaiser le peuple, soulèvent ses colères et le pousseraient sans profit, sinon à son détriment, aux pires excès.

La Révolution comme l'a dit Michelet, a été l'avènement de la Loi, la résurrection du Droit, la résurrection de la Justice. Elle n'est pas achevée, elle continue. Elle a établi d'une façon impérissable le Droit limité par le Devoir, la Loi écrite limitée aux actes nuisibles à la société, voulue par tous, égale pour tous. Si les hommes ne sont pas égaux en moyens — la Nature a horreur de l'uniformité — ils doivent l'être en droits. Mais l'égalité n'est pas le nivellement. La fausse égalité n'est l'idole que des âmes inquiètes et des cœurs minés par l'envie. L'idée de la valeur commune des hommes n'écarte pas, mais appelle, l'idée de la valeur propre de l'individu. L'idée d'égalité appelle celle de solidarité et celle-ci doit assurer à la liberté sa pleine puissance d'expansion. L'affamé n'est pas libre. L'égalité est le centre d'où rayonnera la Cité de Justice et de Fraternité, cette Terre promise de tous les opprimés.

Le droit de propriété est « inviolable et sacré »; mais, s'il était illimité, il n'y aurait plus ni route, ni ville possible. La ploutocratie dominatrice et oppressive régnerait en maîtresse sur la plèbe écrasée dans sa conscience et ses efforts. La conséquence, c'est l'expropriation pour cause d'utilité publique, la possibilité pour la souveraineté nationale de restreindre le droit de propriété quand ce droit nuit aux droits des autres et menace l'ensemble des intérêts des citoyens. A côté du Droit, est ainsi prescrit le Devoir. Le respect et la protection de l'homme, voilà l'objet essentiel et sacré.

Ayons confiance en l'avenir. La démocratie est une source intarissable de lumière et de forces. Elle est en marche et rien ne l'arrêtera dans son élan éternel vers la justice.

X

La Doctrine républicaine

CONCLUSIONS

Le Parti Radical et Radical-Socialiste doit formuler sa doctrine et son programme. Il faut avant tout que, débarrassé des formules absolues, trop souvent étroites et stériles; il faut que débarrassé de la piperie des mots et de la suggestion décevante des sophismes et des métaphores, il se proclame le continuateur hardi de l'œuvre de la Révolution.

Il ne peut laisser dire aux Socialistes-Collectivistes qu'eux seuls sont pour l'instauration sur la Terre de la Cité de Justice, et qu'en eux seuls les « damnés de l'Enfer terrestre » trouveront leur salut. Il faut affirmer qu'on n'a pas attendu que des gens s'intitulassent collectivistes pour faire de la politique sociale. Le socialisme ne saurait tenir dans la peau d'un système. Le système fermé n'est compatible ni avec la raison ni avec la science, puisque la vérité n'est jamais achevée. Nous n'admettons pas qu'une borne soit posée devant la science. Il en est de l'esprit humain comme du ciel ; il s'élargit et s'étend jusqu'à l'infini. Le collectivisme se croit d'aujourd'hui. Ses ancêtres remontent à Platon et à Lycurgue. Le collectiviste théoricien est un rêveur, dont le rêve, pour généreux qu'il soit, n'en reste pas moins un rêve aux répercussions dangereuses auprès du monde des « crédules ». La Révolution, sans avoir besoin de se dire collectiviste, a donné à l'homme du peuple la possession de soi-même et le droit de posséder les fruits de son travail. Si, par socialisme, on entend, non pas la révolte violente des salariés contre le capital, mais l'éternelle protestation des opprimés et l'effort incessant vers une société meilleure, faite de plus de justice, nous sommes socialistes. La lutte de classe est le prolongement du *struggle for life;* il est bien permis d'opposer à la doctrine de haine la doctrine d'amour et de préférer la collaboration de classe à la guerre des classes.

La « lutte des classes » est devenue une sorte de dogme. Entendez comme on en parle. C'est le chant de guerre. « La mentalité de la lutte des classes ressemble à la mentalité de la lutte de races », a dit quelque part mon ami Lucien Le Foyer. Pas d'entente, pas de collaboration, mais la guerre et des victoires! Le « bourgeois » est l'ennemi, comme l'étranger. C'est une autre face de l'Impérialisme.

Radicaux et Socialistes nous devons, sans ralentir jamais le pas, marcher vers l'organisation de la solidarité sociale en donnant à tous l'éducation positive et professionnelle et aux corporations ouvrières une constitution dans laquelle elles trouveront une garantie contre l'affreux isolement et contre la détresse du chômage ou des vieux jours.

Je ne conteste pas — ai-je besoin de le dire — le droit des collectivistes d'affirmer leur doctrine. Ce que je conteste, c'est que le collectivisme découle fatalement, nécessairement, inéluctablement, de l'évolution économique et qu'il soit une organisation sociale *supérieure*, conforme *seule* au progrès de l'humanité en marche. Ce que je conteste, c'est qu'en dehors de la formule collectiviste, il ne puisse y avoir de salut social. Ce que je conteste, c'est qu'un parti politique puisse se flatter de posséder dans sa doctrine économique la vérité absolue. Qui sait ce que nous réserve demain? Qui sait de quel côté nous engageront les nouvelles découvertes, de quel côté nous porteront l'évolution économique et la force des choses?

Je comprends la fortune de la doctrine collectiviste auprès des misérables. On les prend aujourd'hui en leur prophétisant le paradis terrestre comme on les a pris jadis en leur promettant le paradis dans le ciel. Mais promettre et tenir sont deux. Le *credo* d'aujourd'hui ne résistera pas au *credo* de demain. C'est parce que j'ai horreur des Églises et des dogmes que je ne puis me résoudre à accepter la formule économique dogmatique du collectivisme intégral.

Mais, on se tromperait étrangement sur ma pensée, si l'on supposait que je veux mettre une borne aux espérances de la démocratie. On se tromperait grandement, si l'on s'imaginait que je veuille figer à jamais l'idéal du parti radical-socialiste dans une formule définitive. Non moins on se tromperait, si on croyait que je pense que la propriété individuelle est un « dogme économique ». Jamais par un dogmatisme intolérant et qui ne saurait m'appartenir, je n'ai proclamé intangible le droit de propriété; je sais que les institutions humaines sont passagères et changeantes, et la forme de la propriété ne présente point d'exception à cette loi naturelle.

Mais je supplie les collectivistes de songer qu'il n'y a pas lieu seulement d'affranchir les estomacs, mais surtout les cerveaux. L'homme ne vaut que par son intelligence. En dehors de cela, en quoi se distingue-t-il du reste des animaux?

L'émancipation ouvrière n'est pas toute entière contenue dans des journées de travail moins longues et mieux rémunérées. Combien d'oisifs passent leur temps à s'amuser et à mal faire! Ce n'est pas parce qu'on aura aboli la propriété personnelle et socialisé tous les instruments de travail; ce n'est pas parce qu'on aura donné des « loisirs » à tous, qu'on aura donné aux hommes le goût de s'instruire et de devenir meilleurs. La vraie, la grande libération, c'est la libération morale, car celle-là contient en germe toutes les réformes et tous les progrès.

C'est pourquoi on ne saurait souscrire à la parole de ceux qui disent que l'anticléricalisme « c'est de la poudre d'or qu'on jette aux yeux des ouvriers pour les empêcher de voir leurs misères ». Quand M. Jules Guesdes dit au Congrès d'Amsterdam — ainsi que l'a rapporté M. Jaurès, lui-même, dans l'*Humanité* — que la lutte contre la puissance cléricale est une duperie, que la laïcité de l'École est une billevesée, que la séparation des Églises et de l'État n'a aucun intérêt, et que, seule, la totale révolution de propriété affranchira les hommes de la superstition, de l'ignorance et de l'erreur, nous ne pouvons que sourire, car ce n'est pas parce que le peuple vivra demain en « régime communautaire » qu'il aura perdu ses croyances et qu'il ne s'agenouillera plus devant la « madone ». Le cléricalisme n'est-il pas la forme la plus odieuse de la réaction? La puissance de contre-révolution la plus grande, la génératrice de tyrannies et de servitudes la plus forte, c'est l'Eglise. C'est elle qui, de mémoire séculaire, a barré la route à l'affranchissement des misérables. Le prolétaire, l'ouvrier, ne deviendront libres que quand ils seront délivrés de la sujétion des cultes et des prêtres. Quand le cléricalisme monte, c'est la civilisation qui descend. Je tiens que les opprimés ne parviendront à supprimer leurs maîtres que s'ils valent mieux qu'eux. L'esprit de la Révolution risque d'être souillé aujourd'hui par la grande prostituée qui s'est livré à tous les maîtres pour mieux les duper et les dépouiller.

Par la faiblesse « stupidement confiante » du parti républicain, ainsi que le dit M. Paul Desachy dans la *France Noire*, en dépit de l'esprit et du texte du Concordat, l'Église a reconquis dans ce pays sa puissance territoriale et politique. Elle a ressaisi, par les mains de ses cinquante mille prêtres du Clergé séculier et ses soixante mille moines et nonnes, les biens dont la Révolution l'avait légitimement dépossédée, parce qu'elle les avait acquis, non par le travail, mais par le mensonge, la dîme, l'usurpation, la captation.

L'Église s'est faite internationaliste. Elle brave notre Nation et obéit, *perinde ac cadaver*, à un étranger, le Pape de Rome, et au Saint-Office. Par ses écoles de frères, où les enfants sont souillés corps et âme, on tient la multitude de la ville et de la campagne. Par les établissements secondaires on cherche à s'emparer des situations dominantes dans l'État républicain, Magistrature, Armée. L'Église sait que, quand on possède la troupe et les tribunaux, on est maître. La tactique n'a que trop bien réussie. Les administrations publiques regorgent de fonctionnaires félons. Les commerçants qui ne s'inclinent pas sont « boycottés » ; les ouvriers qui ne s'agenouillent pas sont chassés de l'usine ou de la ferme. Et l'on dira que le péril clérical est un leurre et une chimère ! Jules Guesde, dédaigneux, dira au Congrès international d'Amsterdam qu'il se désintéresse de la République comme l'Allemand Bebel. Mais pourquoi la République française conservatrice de 1875 est-elle devenue la République radicale de 1904 ? Parce qu'elle est la République. Simplement !

Il est loisible à M. Guesde de déclarer aux ouvriers que les « réformes » ne servent qu'à faire durer et survivre la société bourgeoise en l'améliorant. Il peut dire, comme il l'écrivait dans l'*Egalité* le 5 novembre 1882, qu'en présentant le suffrage universel aux déshérités de l'ordre actuel, en le leur faisant accepter comme le salut, Ledru-Rollin a fait peut-être plus de mal à la classe ouvrière qu'avec la saignée qu'il pratiquait en juin, à coups de canon, sur les plus vaillants de ses membres... Ce n'est pas sur la question de la dynamite que nous nous séparons des anarchistes... Nous ne sommes pas pour rien les successeurs des pétroleurs de 1871.

Ce sont là des paroles qui peuvent griser le cerveau des

ouvriers, mais elles ne leur donnent pas un « maravédis » en plus et restent vaines et inutiles.

Nous répudions autant le privilège économique que le privilège politique ou religieux; voilà, à nous, notre doctrine. Nous sentons que l'émancipation intellectuelle et morale est une promesse désormais insuffisante à l'être humain pris dans les engrenages chaque jour multipliés de la vie sociale; elle est dérisoire et vaine, si elle n'est complétée par l'émancipation économique. « Il n'y a pas d'homme libre, libre dans sa pensée intime aussi bien que dans ses rapports civiques, tant que l'organisation sociale n'a pas garanti à chacun la plénitude de sa vie normale, le jeu aisé de tous ses organes, l'expansion pacifique et heureuse de tous ses sentiments. La misère, qui disloque les pierres du foyer, qui arrache les enfants à l'école pour les vouer à l'atelier abrutissant, qui prend la mère pour les besognes mal salariées et chasse l'ouvrier hors du taudis vers les charmes grossiers du cabaret, la misère qui, à toute minute, accable le corps, tolérerait-elle jamais le plein exercice de la pensée? Si l'on promulgue la souveraineté des droits de la raison, ce n'est point pour la restreindre aux domaines de la philosophie et de la religion; la raison doit gouverner toutes choses humaines, par conséquent régler les relations entre les hommes et entre les peuples, établir la justice en réalisant l'idéal de solidarité économique et morale ».

Nous n'entendons pas que le « libre contrat de Travail » ne recouvre que l'oppression de l'ouvrier. Nous devons prendre garde qu'avant quelques années le peuple de France se réveille un beau jour en face d'un syndicat de capitalistes qui aura monopolisé toute l'industrie et tout le commerce et qui, après avoir accaparé la richesse publique, dictera et imposera ses volontés aux travailleurs comme aux consommateurs. Nous devons veiller sur les Trusts, par lesquels les industriels cherchent eux-mêmes à régler la production et à éviter les dangers de la concurrence illimitée et de la baisse des prix, moyen par lequel capitalistes producteurs, grand patronat et sociétés anonymes se protègent aux dépens de la masse consommante. Nous deyons prendre garde au régime de la protection outrancière, car les droits de douane ont leur répercussion sur le prix des denrées alimentaires et des marchandises.

Le socialisme libéral ou évolutionniste, que nous défendons, n'exige de personne aucun sacrifice de liberté individuelle. Que reconnaît-il comme légitime? La seule propriété fondée sur le Travail. Celle qui est fondée sur la fraude, la spéculation, l'agiotage, l'accaparement, ou fondée sur l'exploitation d'autrui, est condamnée par lui.

La propriété est la condition nécessaire de la liberté humaine, affirme-t-il avec les hommes de la Révolution, donc l'homme privé de propriété est prolétaire et n'est pas libre. Il est incapable de se défendre contre l'oppression de l'exploitant capitaliste, c'est un mineur qui a besoin de la protection de la loi. C'est pourquoi, à la base de notre programme, nous devons placer le droit du travailleur à la propriété, et aussi le droit pour la société de favoriser par les lois fiscales l'émiettement, le morcellement de la propriété capitaliste ou oisive.

Aux lieu et place des formes empiriques et parasitaires de l'échange, on peut proposer un régime de coopératives de consommation universalisées qui, sur leurs bénéfices, seraient tenues de racheter équitablement les fonds de commerce. C'est ce que font les « Morcellistes », notamment M. Camille Sabatier dans son « *Socialisme Libéral* », en même temps que, contre la spéculation, ils proposent la suppression des valeurs au porteur pour les remplacer par des valeurs nominatives négociables par voie d'endossement. Dans le domaine du commerce, disent-ils, universalisation d'un régime de coopératives de consommation régularisant parallèlement la consommation et la production ; dans le domaine de l'industrie, constitution de l'atelier familial ou de l'atelier coopératif chaque fois qu'il sera possible, sinon socialisation des moyens capitalistes de production ; dans le domaine rural, favoriser l'accès de la terre à tous les paysans, car le paysan tient à sa terre comme à la vie, et toutes les révolutions qui menaceront son droit de propriété et, avec lui, son indépendance sont menacées d'avance d'avortement.

Il serait superflu de chercher à défendre que là où la propriété individuelle, produite et fécondée par le travail, est impossible, comme dans la grande industrie, le régime de la propriété sociale est préférable et doit être substitué, au fur et à mesure de la concentration monopolisante, au régime de la propriété capitaliste. L'État propriétaire, d'ailleurs, pourrait, au mieux des intérêts de tous, confier l'exploitation des richesses sociales aux ouvriers organisés en syndicats ou coopératives de production selon des règles publiques qu'il serait facile de trouver.

Bref, l'idéal vers lequel nous devons marcher est un idéal de liberté, de justice et de paix. Nous ne voulons enlever les croyances de personne, autrement que par la persuasion. La croyance et la foi ne sont ni la raison ni la science — c'en est même tout le contraire — mais nous respectons les âmes sincères et naïves qui sont restées sous le charme des vieilles illusions du passé. Ce n'est point de notre côté qu'on rencontre le fanatisme avec ses tortures et ses bûchers. La morale laïque est, comme l'a dit Guyau, sans obligation ni sanction transcendantes. Elle n'est pas l'ordre d'un Dieu qu'une pauvre imagination se figure misérablement, elle ne promet pas un bonheur céleste qui serait une récompense immorale autant qu'illusoire. Elle demande à chacun d'accomplir son devoir, humainement, simplement.

Ce que nous voulons, nous laïques, comme l'a si bien dit M. Lavisse, c'est que les religions qui passent ne gouvernent pas l'humanité qui dure. Abandonnons la vérité absolue et l'infaillibilité aux fondateurs de religions ou aux créateurs de systèmes sociaux. Méfions-nous du remède unique propre à guérir tous les maux. Souvenons-nous que nous vivons sur la Terre, au milieu des contingences de la vie, avec la nature humaine, qui n'est point parfaite. Considérons que le Travail est le but de toute vie et le créateur de tout progrès et de toute richesse. Perdons nos illusions, car « perdre ses illusions, ce n'est pas perdre, c'est gagner ». Ne nous abandonnons ni à un Dieu ni à un Maître, car, Dieu ou Maître, c'est le symbole de la servitude. Ne nous en remettons pas à un Juge, siégeant au delà de la vie, du soin de rassasier ceux qui ont faim, de donner à boire à ceux qui ont soif, de consoler ceux qui souffrent. Livrons bataille à l'humaine misère au nom de l'éternelle justice. Consacrons nos efforts à compléter la démocratie politique en la portant vers la démocratie sociale. En agissant ainsi nous serons des hommes de progrès, de véritables amis du peuple, et nous resterons à la fois et de fermes républicains et de prudents socialistes.

PARIS. — IMPRIMERIE NOUVELLE (ASSOCIATION OUVRIÈRE), 11, RUE CADET.
A. MANGEOT, DIRECTEUR. — 1710-4.

www.ingramcontent.com/pod-product-compliance
Lightning Source LLC
LaVergne TN
LVHW020431230826
846091LV00004B/1445

* 9 7 8 2 0 1 6 1 9 8 9 1 9 *